KB233755

뜨거운 열정은
강철도 녹인다

헌신과 도전의 12년, 도시를 바꾼 이야기

뜨거운 열정은 강철도 녹인다

초판발행 ｜ 2026년 2월 7일

지은이 ｜ 이강덕

펴낸이 ｜ 신중현

펴낸곳 ｜ 도서출판 학이사

　　　　출판등록 : 제25100-2005-28호

　　　　　주소 : 대구광역시 달서구 문화회관11안길 22-1(장동)

　　　　　전화 : (053) 554~3431, 3432 팩스 : (053) 554~3433

　　　　　홈페이지 : http : // www.학이사.kr

　　　　　이메일 : hes3431@naver.com

ⓒ 2026, 이강덕

　• 이 책은 저작권법에 따라 보호받는 저작물이므로 무단복제를 금합니다.
내용의 전부 또는 일부를 이용하려면 반드시 저작권자와 학이사의 서면
동의를 받아야 합니다.

ISBN _ 979-11-5854-607-6   03330

뜨거운 열정은
강철도 녹인다

헌신과 도전의 12년, 도시를 바꾼 이야기

이강덕 著

學而思 | 학이사

차 례

차 례

헌신과 도전의 12년,
도시를 바꾼 이야기

들어가며

들어가며

2014년 7월 1일 민선 7대 포항시장에 당선되어 설렘과 두려움 그리고 가슴 벅찬 시대적 사명감으로 처음 출근했던 날이 엊그제 같은데 벌써 12년의 세월이 흘렀습니다. 3선 시장으로 만들어 주신 포항시민들의 과분한 사랑에 보답하려고 전 포항시청 공무원들과 함께 도시를 바꾸기 위해 최선의 노력을 다했음에도 불구하고, 아직도 다 이루지 못한 일들을 지척에 두고 마무리를 해야 하는 마음이 무겁습니다. 기대와 성원에 부응하지 못한 것 같아 송구한 마음이 앞섭니다.

오직 포항의 미래만을 생각하며 쉼 없이 달려오는 동안 포항시민들은 저에게 는는한 언덕이자 건고한 버팀목이었습니다. 돌이켜 보면 그동안 우리는 참으로 모진 파도를 견뎌냈습니다. 메르스 바이러스의 공포와 지진의 아픔, 끝이 없을 것 같던 코로나19 팬데믹과 태풍, 산불의 상처…. 좌절과 절망의 시간을 지나다가도 한 줄기 빛이 저를 인도하면 그 끝에는 어김없이 시민들이 계셨습니다. 예기치 못한 고난의 순간들에 저

9

를, 포항을 다시 일으켜 세운 것은 서로의 손을 맞잡아 준 위대한 시민들이었습니다.

이제 우리 포항은 철강산업과 신성장산업이라는 두 개의 강력한 심장을 장착하고 질주하기 시작했습니다. 인공지능(AI) 데이터센터와 국제전시컨벤션센터를 갖춤으로써 청년 인재들이 모여드는 글로벌도시다운 단단한 토대가 놓였습니다. 전국의 많은 지자체가 부러워하는 철길숲과 생태하천 복원이 대표하는 녹색 생태도시로의 괄목할 만한 성장은 싱그럽고 풍요로운 삶의 기반이 됐습니다.

도시의 여건을 꼼꼼히 살펴 흔들리고 무너지고 부서졌던 곳에는 복구를 넘어 부흥과 힘찬 성장의 씨앗이 뿌려졌습니다. 생애주기별 맞춤형 복지와 장차 설립될 경북 첫 국제학교는 누구나 살고 싶은 도시의 자긍심으로 다가옵니다. 포항이 환동해 중심도시로 우뚝 설 수 있었던 모든 성과는 시민 여러분이 흘린 땀방울로 함께 일군 위대한 결실이었습니다.

포항의 미래를 바꾼 수많은 성과를 만들어 내는 과정에 저를 움직이게 한 원동력은 시민들의 믿음이었고, 포항을 변화시키라는 시민들의 준엄한 명령이었습니다. 시민들의 기대와 믿음에 부응하며 우리가 이룬 기적 같은 일들은 2천300여 포항시 공직자들이 있었기에 가능한 일이었습니다. 불철주야 도시의 일상을 지키고, 미래를 설계하며 헌신한 그들의 고귀한 노고가 있었기에 저는 전진 또 전진할 수 있었습니다.

행여 칭찬받을 부분이 있다면 그것은 온전히 묵묵히 소임을 다한 그들의 몫이라 생각합니다. 시대적 소명의식과 함께 오직 도시의 미래와 포항시민들을 위해 공직의 무겁고 힘든 길을 함께 걸어준 시청 공무원들과 일할 수 있었던 영광을 누린 저는 참으로 복이 많은 사람이었습니다.

3선을 역임하며 포항을 성장시키고 변화시킨 12년을 기록한 이 책은 한 개인의 영광과 성과를 정리한 글이 아닙니다. 50만 시민과 2천300여 포항시 공무원 모두가 함께 쓴 장엄한 서사시이자 아름다운 영일만을 지키기 위해 열정을 다한 저 이강덕의 진심 어린 고백이기도 합니다.

저는 이제 길이 끝나는 곳에서 또 다른 길을 만들려 합니다. 그동안의 소중한 경험과 성취를 품고 더 넓고 큰길을 가려 합니다. 어깨 위에 놓였던 무거운 책임감은 내려놓지만, 제 마음의 이정표는 언제나 더 큰 포항, 위대한 경북, 자랑스러운 대한민국을 향해 있을 겁니다. 그 여정에 변함없는 응원과 기도를 부탁드립니다.

진심으로 고맙습니다. 그리고 사랑합니다.

2026년 병오년(丙午年) 새 아침에 이강덕 올림

뜨거운 열정은
강철도 녹인다

제1부
절박함과 치열함으로
내 고향 포항의
미래를 준비하다

헌신과 도전의 12년, 도시를 바꾼 이야기

절박함과 치열함으로 내 고향
포항의 미래를 준비하다

| 1장 | K-배터리 1번지, 새로운 심장이 뛴다

　도시에도 생명이 있다. 위기 속에서 기회를 찾으면 살아남고, 변화를 외면하면 도태된다. '강철도시'(The Steel City)에서 미국 러스트 벨트의 상징으로 추락했다가 극적으로 부활한 피츠버그가 있는가 하면 도시 파산의 대명사인 일본 유바리 같은 곳도 있다.

　2014년 7월 시장으로 처음 취임할 무렵 포항은 갈림길에 서 있었다. 주력이던 철강산업이 흔들리면서 도시 전체에 어두운 그림자가 드리웠다. 피츠버그의 몰락과 부활을 떠올리며 매일 밤 자문했다. 포항의 심장을 다시 뛰게 할 새로운 연료는 과연 무엇일까?

　새로운 산업 생태계 구축이 절실했다. 마침 에코프로 그룹이 이차전지 양극재 공장을 지을 곳을 전국에서 물색하고 있다는 소식이 들렸다. 원래 유치하려던 조선 기자재 업체들이 입주하지 않아 오랜 기간 비어 있던 영일만 산업단지가 제격이었다.

이차전지의 성장성에 주목한 나는 에코프로 유치에 사활을 걸었다. 2016년 몇 차례에 걸쳐 충북 청주 본사를 찾아 지역의 투자 여건을 설명하며 공을 들였다. 그런 노력 덕분인지 포항 출신인 이동채 회장은 고향의 잠재력을 믿고 투자를 단행했다.

기업 유치의 기폭제는 그해 1월 '기업 및 투자 유치 촉진 조례'의 전면 개정이었다. 실무자들로 '투자유치제도 개선추진단'을 구성해 석 달 동안 파고든 성과였다. 규제 개혁과 전국 최고 수준 인센티브 지원은 기업이 포항에 오지 않으면 안 될 이유가 됐다.

에코프로는 이후 6개 자회사의 공장이 들어선 포항캠퍼스를 건설했다. 뒤이어 포스코퓨처엠이 가세하면서 '제2의 영일만의 기적'으로 나아갈 기틀이 마련됐다. 현재는 이들 앵커 기업과 중소기업 30여 곳이 8조 원을 두자해 이차전지 전주기(全週期) 밸류체인을 가동 중이다.

탄력을 받은 포항은 정부 지원을 연거푸 끌어냈다. 2019년 '배터리 리사이클링 규제자유특구'에 이어 2023년 '이차전지 양극소재 특화단지'에 지정됐다. 이듬해 바이오와 수소연료전지 특화단지 선정까지, 전국 기초자치단체 첫 특화단지 3관왕의 시작이었다.

지금은 건강에 아무런 문제가 없지만, 전립선암 치료 중 이차전지 특화단지 유치에 전력을 쏟은 일은 감회가 새롭다. 그해 5월 전략발표평가회에 직접 참석해 양극재 생산 세계 1위의 입지 등을 내세우며 승부수를 띄웠다. 암세포와 싸우는 것보다 포항 경제에 희망의 씨앗을 뿌리는 게 내게는 더 간절한 사명이었다.

2024년에는 '기회발전특구'와 '기업혁신파크'에 잇달아 선정됐다. 이로써 기업들은 기술력 강화에 더욱 매진할 수 있게 됐다. 이재명 정부 역시 포항과 충북 오창, 전북 새만금을 잇는 '배터리 삼각벨트'를 국정 과제로 채택해 힘을 실어주고 있다.

중국 업체들의 약진에 밀려 고전해 온 지역 이차전지 업계에는 기대감이 다시 확산하고 있다. 배터리자원순환클러스터에 이어 사용후배터리 인라인자동평가센터도 곧 문을 연다. 다만 미국을 중심으로 전기차 수요가 감소하고 있어 정부 차원의 지원이 필요하다.

우리는 국가 첨단전략산업인 이차전지 분야의 초격차 기술력 확보를 서둘러야 한다. 그러려면 인재 육성이 무엇보다 중요하다. 포항의 경우 2024년 선정된 '교육발전특구'와 연계해

고교-대학-기업으로 이어지는 맞춤형 인력을 양성하고 있다.

포스텍 배터리특성화대학원에선 고급 연구인력을, 배터리 아카데미 남부캠퍼스에선 현장인력을 키워낸다. 한동대와 선린대, 포항대, 흥해공고도 이차전지 과정을 운영한다. 구도심을 청년과 첨단산업이 어우러진 혁신거점으로 바꾸기 위한 'POBATT 공유 캠퍼스'도 시작했다.

아울러 국회에 계류 중인 '이차전지산업 지원 특별법' 제정에 속도를 내고, 3천억 원 규모의 혁신성장 벤처펀드를 조성해 유망 스타트업을 육성할 계획이다. 목표는 2030년까지 이차전지 분야 매출 100조 원, 일자리 1만 5천 개 창출, 비즈니스 방문객 3만 명 유치이다.

이처럼 포항은 국내 첫 제철소를 건설한 '제철보국'(製鐵報國) 정신을 '전지보국'(電池報國)으로 잇고 있다. 지역 수출액이 2015년 97억 200만 달러에서 2024년 110억 7천600만 달러로 14.2% 성장하는 동안 이차전지 등 화학 분야 비중은 1.1%에서 38.5%로 급증했다.

이는 산업 구조 전환에 제때 대응하지 못해 침체에 빠진 다른 도시들과 차별화되는 대목이라는 평가를 받는다. 타지역들의 경제가 하락하거나 정체 중인 가운데 거둔 성과라 의미가 작지 않다. 포항의 지속 가능한 성장 토대는 마련한 것 같아 큰 보람으로 생각한다.

　이차전지산업 육성에 애쓴 덕분에 나는 2023년 국내 최고의 이차전지 기업들이 회원사로 있는 한국배터리산업협회에서 공로상을 받기도 했다. 2011년 협회 창립 이후 자치단체장이 공로상을 받은 건 처음이었다고 한다. 한없이 영광스럽고 감사하다. 물론 칭찬은 어려운 여건에서도 제품 포트폴리오 다변화, 원가 절감, 기술 혁신 등 자구 노력에 최선을 다한 기업인들에게 돌아가야 마땅하다. 나는 50만 포항 시민 사이에 희망이 다시 샘솟는 것만으로도 기쁘다. 특히 청년 일자리가 많이 창출되어서 다행이다.

　전국 최초로 이차전지산업 전담 부서를 신설했던 포항시와 산업계의 노력이 더 나은 결실을 보도록 시민들께서 계속 응원해 주셨으면 좋겠다. 임기 마지막 날까지 나 또한 총력을 쏟을 것이다. 지방정부와 기업의 협력이 지역 발전의 성공 모델로 자리잡기를 소망한다.

"아무리 제조업 기반이 탄탄해도 기업 유치에 한계가 따르는 지방도시는 현실에 안주하는 순간 급격히 쇠락한다. 피츠버그는 미국 철강 생산량 60%를 차지하며 한때 인구가 70만 명이 넘을 정도로 번성했지만, 철강업이 후발 공업국에 밀리면서 돈과 사람이 빠져나가 30만 명까지 추락했다. 포항시의 미래를 보여주는 듯한 피츠버그가 오랜 준비 끝에 정보기술(IT)과 바이오산업을 육성해 부활한 사실을 알고는 본보기로 삼았다. 최근에는 각종 규제로 대기업도 엄두를 못 내던 폐배터리 재활용 공장 투자가 잇따르고 있다. 어렵게 유치한 이차전지 기업들이 세계 시장을 선도할 수 있는 기술을 개발하려면 인력 육성이 시급하다."

- 언론 인터뷰 중

| 2장 | 수소에너지, 경북의 내일을 밝히다

"50년 전 포항제철소 준공에 버금가는 희소식입니다!"

2023년 7월 20일, 한 어르신이 내 손을 잡으며 건넨 한마디는 아직도 가슴을 뛰게 한다. 수소연료전지 발전클러스터 예비타당성조사 통과와 이차전지 양극재 특화단지 선정이라는 승전고가 동시에 울린 날이다.

지진과 팬데믹, 그리고 태풍 힌남노의 상처를 견뎌온 50만 포항 시민에게 이보다 더 값진 위로는 없었을 것이다. 개인적으로도 재임 12년 동안 잊을 수 없는 날 가운데 하루였다. 기자회견장에서 대한민국의 새로운 미래를 열어 가겠다는 각오를 다지면서도 흥분이 가라앉지 않았다.

산업 구조를 다변화하려 애쓴 것은 도시의 생존을 위해서였다. 철강산업에 치우친 경제로는 위험하다고 판단했다. 실제로 한국은행에 따르면 포항 철강산업단지 총생산액은 2014년 17조 590억 원에서 2024년 14조 8천810억 원으로 12.8% 역성장했다.

수소산업에 대한 관심 역시 선택이 아니라 당연한 일이었다. 탄소 배출이 가장 많은 업종으로 꼽히는 철강산업이 탄소세를 피해 살아남으려면 '수소환원제철' 기술밖에 없다. 수소는 또 석유 등 에너지 수입공급망 위험을 해결할 수 있는 전략자산이기도 하다.

연료전지(fuel cell)는 수소를 연료로 전기를 생산하는 장치다. 공해와 소음이 없고 자연환경 영향이 큰 태양광·풍력발전보다 안정적이다. 배터리와 달리 연료가 공급되는 한 재충전 없이 계속해서 전기를 만들 수 있다. 전력이 필요한 곳에서 직접 전기를 생산하는 도심형 발전소인 셈이다.

기자회견장에 걸었던 'Charge new energy, Charge your future'라는 플래카드처럼 포항은 에너지도시라는 새 희망으로 충전됐다. 큰 축은 '수소특화단지'와 '수소도시' 사업이다. 전자가 생산·수출, 연구·개발 거점이라면 후자는 주거·교통 등 생활 수소생태계 구축이다.

포항은 블루밸리국가산업단지 내 연료전지 발전클러스터를 기반으로 2024년에는 국내 첫 수소특화단지에 지정됐다. 법인세·지방세 감면, 보조금·융자 지원 등 다양한 혜택이 있는 클러스터에는 2028년까지 국비들 포함해 약 2천억 원이 투입된다.

목표는 2035년까지 관련 부품·소재 기업 70곳 유치, 전체 매출액 1조 원 달성이다. 지난해 11월에는 연료전지 완제품을 만드는 회사로는 처음으로 ㈜에프씨아이가 공장 건설을 시작했다. 발전클러스터는 부지 조성 실시설계를 거쳐 조만간 착공될 예정이다.

국내 연료전지 산업은 세계 최고 수준의 완제품 제조·설치·운전 기술을 보유하고 있다. 하지만 핵심 소재·부품 상당수를 수입에 의존해 고부가가치화에 한계가 있었다. 발전클러스터에 소재·부품 성능평가시설이 들어서면 관련 산업의 저변이 한층 넓어질 것이다.

국토교통부 주관인 수소도시 조성 또한 시동을 걸었다. 수소 에너지를 공동주택, 공공시설, 산업단지에서 편하게 이용할 수 있도록 이송배관을 설치하고 충전소를 확충한다. 포항시는 지난해 6월 수소차 구매보조금을 전국 최고 수준으로 인상하기도 했다.

2024년에는 440KW급 수소연료전지 45대로 구성된 '에너지파크'가 블루밸리 산단에서 가동에 들어갔다. 한국수력원자력이 960억 원을 들여 지은 이 발전소는 약 3만3천 가구가 1년간 쓸 전기를 공급할 수 있는 규모다. 연료전지 클러스터와 시너지 효과는 물론이다.

포항이 수소경제도시로 성장할 수 있었던 원동력은 수소연료전지인증센터를 비롯한 선제적 투자였다. 2019년 포항테크노파크 안에 완공된 이곳은 국내 최고 수준의 시험·평가장비를 갖춘 KS 인증 위탁기관이다. 기업들의 제품 개발·검증

비용과 시간을 크게 줄일 수 있다.

포항시는 2026년에 1조 5천316억 원의 국가 투자 예산을 확보한 가운데 연구개발 분야가 74건 6천275억 원에 이른다. 전년 71건 4천798억 원보다 1천477억 원 증가했다. 이 가운데 이차전지, 바이오, 수소 분야는 23건 826억 원이다.

포항은 수소경제 대표도시로 도약할 호기를 맞았다. 정부가 2035년까지 온실가스를 2018년 대비 53~61% 감축하는 '국가 온실가스 감축 목표'(NDC)를 최근 확정하는 등 탈탄소 드라이브를 걸면서다. 당연히 기업들의 투자가 늘어날 것이다.

포항 블루밸리산업단지 수소 연료전지 발전소 전경

더욱이 포항이 지난해 유치한 인공지능(AI) 데이터센터는 안정적이면서도 엄청난 전력을 필요로 한다. 연료전지를 활용한 전력 공급체계 구축이 시급하다. 포항은 세계 최초로 그린암모니아와 연료전지를 활용한 무탄소전력을 기업에 공급하려 한다.

다만 수소는 유망한 친환경 에너지원임에도 여전히 많은 나라에서 도입 단계에 머무르고 있다. '규모의 경제'가 갖춰지지 않은 탓이다. 정부 지원과 함께 수소산업을 추진 중인 자치단체들이 손을 맞잡고 파이를 키워야 한다.

나는 수소 경제의 완성은 '연대'에 있다고 생각한다. 포항을 넘어 울진, 울산, 동해, 삼척을 잇는 순환형 수소산업 벨트를 꿈꾼다. 특히 울진과 포항을 잇는 해저전력망인 에너지고속도로는 그 꿈을 실현할 대동맥이 될 것이다.

이는 울진~포항 175km 구간 바다 밑에 초고압 직류송전 케이블을 까는 프로젝트다. 동해안 지역의 발전용량은 원전 등 17.4GW에 이르지만 송전선로 용량은 11.6GW에 불과하다.

수소는 눈에 보이지 않는다. 그러나 우리 아이들이 마시는 공기를 깨끗하게 하고, 곳곳을 밝히는 따뜻한 빛이 될 것이다. 나는 경북이 수소산업 중심이 되는 그날까지 멈추지 않고 이 새로운 길을 걸어가려 한다.

| 3장 | 가속기 너머 생명을 구하는 해답

The World Can't Wait!(세상은 간절히 기다리고 있다!)

바이오헬스산업계 세계 최대 행사인 '바이오 인터내셔널 컨벤션'은 지난해 이런 주제를 내걸었다. 무병장수에 대한 인류의 원초적 갈망이 느껴진다. 작년 6월 미국 보스턴 행사에는 역대 가장 많은 72개 국가 1천600여 기업이 참여해 뜨거운 관심을 입증했다.

바이오헬스산업이 최고의 경제 성장엔진 가운데 하나로 꼽히는 까닭은 아이디어 하나가 천문학적 부가가치를 창출하기 때문이다. 실제로 글로벌 바이오헬스산업 시장 규모는 반도체보다 훨씬 크다. 코로나19 팬데믹에서 확인됐듯이 국가 생존 전략이기도 하다.

최근에는 인공지능(AI)과 빅데이터에 기반한 신약·소재 개발 등 급속도로 관련 기술이 발전하고 있다. 정부가 집중 투자하겠다고 밝힌 5대 첨단산업 'ABCDE'(인공시능·바이오·문화콘텐츠·방위산업·에너지)에 포함된 이유다. 그만큼 국가 간, 기업 간 경쟁이 치열하다.

국내 바이오헬스산업은 역사적 변곡점을 맞고 있다. 글로벌 제약회사들로부터 거액을 받고 원천기술을 이전했다거나 투자를 받기로 했다는 소식이 자주 들린다. 새로운 약물, 플랫폼이 성공하면 계약금 외에 단계별로 기술료, 로열티를 받는 황금알을 낳는 거위가 된다.

AI는 이제 신약 후보 물질 발굴에 필수적이다. 기존 제조업 경쟁력에다 AI를 훌륭히 접목한다면 바이오헬스산업 주도권을 가져올 수 있다. 개발 비용은 낮추고, 속도는 끌어올린다면 충분히 가능한 시나리오다.

포항은 '제2의 반도체'라 불리는 바이오헬스 분야 연구·개발 및 인프라에 10여 년 전부터 과감하게 투자해 왔다. 철강·이차전지·수소산업에 이은 새로운 주력 산업 확보가 필요하다고 판단했다. 우리 사회가 빠르게 고령화하면서 이 분야 수요는 커질 수밖에 없다고 봤다.

이런 노력을 인정받아 2024년 '바이오 분야 국가 첨단전략산업 특화단지'에 안동시와 함께 선정됐다. 특화단지는 기존 산업지역을 클러스터로 묶는 개념이다. 안동의 백신 생산 인프라와 포항의 연구·개발(R&D) 인프라가 결합한다면 시너지 효과는 엄청날 것이다.

알려진 대로 포항의 R&D 기반은 국내 최고 수준이다. 초미세 물질의 구조와 움직임을 정밀하게 분석하는 3·4세대 방사광가속기, 극저온전자현미경 4대가 있는 포스텍 세포막단백질연구소, 국내 첫 식물백신 상용화시설인 그린백신실증지

창조경제혁신센터 기술 솔루션 기업 방문
식물 백신 제조회사 '바이오앱' 연구 현장(C5동)

원센터 등이 대표적이다.

2024년에는 융합기술산업지구 내 '그린바이오 벤처캠퍼스'가 2026년 준공을 목표로 착공했다. 정부 공모사업으로 유치한 이곳은 사업비 350억 원을 투입해 벤처기업 전용 건물과 각종 R&D 장비를 갖춘다. '그린바이오 소재 첨단분석 시스템 구축사업'에도 함께 선정됐다.

그린바이오산업은 생명공학 기술을 농·축산업, 식품 분야에 적용해 고부가가치를 창출한다. 바이오산업은 응용 분야에 따라 그린, 레드(의약·헬스케어), 화이트(친환경 연료), 블루(해양 분야) 등으로 나뉜다. 포항과 안동·상주·예천·의성 등 5개 경북 시·군은 최근 정부의 '그린바이오산업 육성지구'에 선정됐다.

각각 2023년과 2024년에 문을 연 바이오미래기술혁신연구센터, 바이오프린팅 인공장기 상용화지원센터도 빼놓을 수 없다. 해양생물 유래 신소재·신약 개발을 주도할 해양바이오메디컬실증연구센터는 국비 지원을 받아 2027년 완공된다. 이들 기관과 포스텍·한동대 등에서 연구하는 석·박사급 전문인력은 지난해 상반기 기준 모두 2천100여 명에 이른다.

포항의 경우 연구기관과 병원의 임상협력망 구축, 의사과학자 양성이 반드시 넘어야 할 벽이다. 하버드대, 매사추세츠공대(MIT) 같은 명문 대학들이 있는 보스턴이 좋은 사례다. 세계적 바이오 클러스터로 도약하려면 포스텍 연구 중심 의대(의학전문대학원) 신설이 필수다.

의사이면서 과학자인 의사과학자(MD-Ph.D)는 임상 현장의 수요를 기술 개발로 연결해 신약 개발이나 바이오 소재 분야 혁신을 견인할 전문가들이다. 이들이 엔지니어들과 만나 혁신 아이디어를 찾는 식의 융합이 상시로 일어나야 스타 바이오기업이 탄생한다.

특히 포스텍 연구 중심 의대는 일반적 임상의사가 아니라 의사과학자 배출을 목적으로 하는 만큼 의대 입학정원 확대 논란에서 상대적으로 자유롭다. 국민 건강·보건 개선이라는 백년대계를 위해서도 꼭 필요하다. 포스텍 의대 안에는 스마트병원 설립도 예정돼 있다.

안타깝게도 국가 주도로 의사과학자를 양성하는 미국에서 매년 의사과학자 수백 명이 배출되는 것과 달리 국내 상황은 걸음마 단계이다. 연구중심 의대가 들어선다면 의사과학자 양성→R&D→기술 상용화→관련 산업 발전으로 이어지는 밸류체인을 완성할 수 있다.

포항이 한국형 바이오 클러스터의 롤 모델이 될 잠재력은 충분하다고 확신한다. 지방정부와 대학의 협업은 지방 소멸 극복의 모범사례가 될 것이다. 인류가 기다리는 그 해답 또한 포항에서 찾아낼 수 있다. 정부는 때를 놓쳐서는 안 된다.

"바이오클러스터는 포항이 '포스트 철강도시'로 가는 새롭고 중대한 해법의 하나입니다. 포항은 표적단백질 구조 분석에 기반한 바이오신약 연구·개발에 집중했고, 그 연구에 필수적인 시설들을 모두 갖추고 있습니다. 4세대 방사광가속기와 세포막단백질연구소의 극저온전자현미경은 없어서는 안 되는 주요 시설입니다. 2016년부터는 포스텍과 함께 '바이오오픈이노베이션센터' 투자를 시작했습니다. 산·학·연 융합 공간입니다. 첨단 바이오의료산업을 육성하는 바이오헬스 뉴딜도 강력하게 추진할 계획입니다."

- 언론 인터뷰 중

| **4장** | 포항에서 시작하는 한반도 AI 산업혁명

2025년 APEC 정상회의에서 젠슨 황 엔비디아 최고경영자는 큰 화제를 모았다. 이재용 삼성그룹 회장, 정의선 현대자동차그룹 회장과 치킨집 회동은 숱한 뒷얘기를 남겼다. 최신 그래픽처리장치(GPU)의 대량 공급 발표는 기대 이상의 선물이었다.

포항에서도 전용기를 타고 출국하는 그를 보려고 시민들이 공항에 몰렸다. 포항시는 지역의 AI · 이차전지 산업 등을 소개하는 책자와 그의 이름을 한글로 새긴 금박 명함을 기념품으로 전했다. '챗GPT'로 유명한 오픈AI와 삼성이 지역에 지을 AI 데이터센터(AIDC)와 관련해 협력 의지를 강조한 것이다. 엔비디아의 직접 투자를 바라는 마음도 담았다.

약 2조 원이 투입되는 포항 AIDC는 오천읍 광명일반산업단지에 들어선다. 전압이 345kV에 이르는 신영일변전소에서 1km 거리로 가까워 전력을 안정적으로 공급받을 수 있다. 1단계 40MW급 데이터센터를 시작으로 총 200MW 규모 클러스터를 조성한다.

AIDC는 수만에서 수십만 장의 GPU가 동시에 연산(演算)하는 인프라이다. 고성능 AI 모델의 학습과 추론에 필수적이다.

그간 한국은 GPU 부족으로 빅테크(Big Tech) 기업들의 AIDC를 유치하지 못했으나 이제는 AI 혁신의 중심지로 급부상했다.

포항의 AIDC 유치는 입지 잠재력이 뛰어나다는 방증이다. 우선 동해안 한울·월성·새울원전과 인접해 전력 수급 걱정이 없다. AI용 GPU는 방대한 데이터 학습·추론과 서버 냉각에 기존 CPU보다 최대 10배 많은 전력을 소모하는 것으로 알려져 있다.

무엇보다 포항에는 철강, 이차전지, 바이오, 수소 등 다양한 분야의 제조 데이터가 축적돼 있다. 산업 현장에 적합한 AI 신모델 개발이란 오픈AI의 구상에 부합한다. 향후 AIDC 규모가 확대되면 GPU를 확보하지 못해 애태웠던 스타트업들도 도움을 받을 수 있을 것으로 기대한다.

아울러 포항은 최고 수준의 이공계 대학인 포스텍과 한동대, 한국로봇융합연구원, 포항산업과학연구원 등 탄탄한 산학연 협력체계를 기반으로 AI 혁신 생태계가 활발히 작동하고 있다. AI 테스트베드로서 필요한 요소들을 완벽히 구비한 셈이다.

젠슨 황이 남긴 말 가운데 "AI는 산업을 재정의할 새로운 전기(轉機)"라는 표현이 가슴에 와닿았다. 전적으로 동의한다. 투자액이 수조 원에 달하는 AIDC 자체로도 연관 산업 활성화가 예상되지만, 핵심은 AI를 통한 산업의 디지털 전환 및 생산성 혁명이기 때문이다.

포항은 AIDC를 철강·이차전지 등 주력 산업에 활용해 'AI 산업단지'로 거듭나려 한다. 제조 과정에서 생성되는 모든 데이터를 실시간 수집해 AI 스스로 분석·예측·제어하는 수준이 목표다. 스마트 제조, 신소재 개발, 신약 연구 등을 통해 기업의 경쟁력은 훨씬 높아질 것이다.

포항이 꿈꾸는 AI 산업단지는 단순히 서버들이나 관련 기업이 모인 공간이 아니다. 포스텍의 인재들이 쏟아내는 알고리즘이 영일만산단의 이차전지 공장을 스스로 움직이게 하고, 수소연료전지 발전의 효율을 극대화하는 도시 전체의 'AI 자율제조 특구'이다.

도시와 기업 경쟁력의 척도는 이제 얼마나 똑똑한 AI로 시간과 자본을 아끼느냐이다. 한적한 어촌이던 포항을 일으킨 과거의 인프라가 용광로였다면 미래는 AI에 달려 있다. AI 산업의 발전 속도를 감안하면 잠시라도 머뭇거릴 틈이 없다.

나아가 AIDC는 경북 곳곳에 들어서야 한다. 구미의 전자·방산, 경산·경주·영천의 부품, 안동의 바이오, 영주의 베어링산업에도 AI 팩토리가 적용돼야 한다. 데이터센터와 제조현장의 풍부한 데이터, 정부·자치단체의 투자가 결합하면 우리는 충분히 피지컬 AI 분야 강국이 될 수 있다.

광명일반산업단지에 조성될 포항AI 데이터센터 조감도

포항시는 아시아태평양 AI 센터 유치에도 나섰다. 이 프로젝트는 APEC 정상회의에서 채택된 'APEC AI 이니셔티브'에 담긴 내용이다. 포항은 이미 아태이론물리센터, 막스플랑크 한국·포스텍연구소와 같은 국제적인 연구기관을 유치해 성공적으로 운영해 온 경험이 있다.

지역이 AI 산업혁명 중심지가 되려면 조속한 AIDC 가동에 더해 인재 양성이 필수다. 포항시는 이를 위해 포스텍 AI대학원, 애플 '디벨로퍼 아카데미' 등 기존 사업을 연계해 전 생애형 AI 교육체계를 구축하고 있다. 지역 전반의 AI 역량을 한층 높여 인재 허브로 만드는 게 목표다.

정부 지원 역시 시의적절하게 이뤄져야 한다. 기회를 놓쳐 뒤처진다면 AI 산업 특성상 격차를 메우기 어렵다. 무엇보다 기존 장거리 송전망 방식 대신 지역에서 생산한 전기를 저렴한 가격에 직접 끌어다 쓸 수 있게 하는 '분산에너지 특구' 후속 대책이 시급하다.

기후에너지환경부는 지난해 12월 포항 등 3곳을 특구로 추가 선정했다. 포항은 생산 과정에서 이산화탄소를 배출하지 않고 만든 그린암모니아 기반 무탄소 전력을 기업에 공급할 계획이다. 지역별 차등 전기요금제와 함께 기업들의 해외 탄소 규제 대응에 도움이 될 것이다.

첨단기술 경쟁에서 선진국에 밀리고 중국에 추월당하면서,

한국이 정점을 지났다는 '피크 코리아'(Peak Korea)를 논하는 시각이 있다. AI 산업혁명은 그런 우려를 불식시킬 게임 체인저다. 한국을 다시 일으켜 세울 AI 산업혁명의 불꽃은 경북에서 뻗어 나갈 것이다.

뜨거운 열정은
강철도 녹인다

제2부
회색빛 도시에
생명을 불어넣을 숲 향기 나는
빛나는 도시를 꿈꾸다

헌신과 도전의 12년,
도시를 바꾼 이야기

회색빛 도시에 생명을 불어넣을
숲 향기 나는 빛나는 도시를 꿈꾸다

| 1장 | 그린웨이, 아스팔트 대신 숲을 택하다

지난해 11월 기록적인 폭우에 홍수와 산사태가 겹치면서 동남아시아에서 1천800명이 숨지고 수십만 명의 이재민이 발생하는 참사가 벌어졌다. 유럽과 미국에선 기후 변화가 산불 가능성을 높이고, 산불로 인한 탄소 배출이 기후 위기를 심화시키는 악순환이 이어졌다.

기후 재난이 외국 이야기인 것만도 아니다. 극한호우와 폭염, 초대형 산불은 우리 일상을 위협하는 현실이다. 작년 3월 경북을 중심으로 번진 사상 최악의 산불에 포항은 지나치다 싶을 정도로 선제 대응을 펼쳐 피해가 거의 없었으나 국민과 함께 마음을 졸였다.

이런 비극을 막으려면 첨단 재난감시체계, 생활밀착형 예방대책도 필요하지만 근본적으로 온실가스 배출을 줄여야 한다. 2014년부터 '녹색 환경도시'를 핵심 기치(旗幟)로 내건 이유다. 생태도시로 체질을 바꾸지 않으면 포항의 지속 가능한 미래는 없다고 확신했다.

그 변화의 상징이 바로 '그린웨이(Green Way) 프로젝트'다. 특히 선도사업인 '철길숲'은 내게 자식만큼이나 애틋한 공간이다. 여유롭게 산책하거나 공연을 즐기는 시민들을 보면 나도 저절로 행복해진다. 관광객들이 연신 인증사진을 찍는 모습에서 벅찬 자부심을 느낀다.

포항의 남과 북을 가로지르던 동해남부선이 멈춰 섰을 때 그곳은 소음과 분진, 쓰레기로 몸살을 앓던 버려진 땅이었다. 일각에선 애물단지가 되어 버린 폐철로에 아파트를 짓거나 도로·주차장을 만들자고 했다. 하지만 나는 달리 생각했다.

쓰임새가 다한 공간에 새 역할을 부여해 공해도시, 잿빛도시라는 포항의 이미지를 바꾸고 싶었다. 거주 공간에 대한 자긍심이 빛나는 도시를 만들고 싶었다. 도시의 주인은 건물이 아니라 사람이며, 시민들이 쉴 수 있는 숲이 들어서야 도시가 숨을 쉰다고 강조했다.

2015년 정부의 첫 철도 유휴부지 활용사업에 선정돼 200억 원의 토지 매입비용을 아꼈다. 덕분에 포항 도심에 9.3km의 초록빛 생명력을 불어넣을 수 있었다. 2022년 산림청 '모범도시숲' 인증 등 국내외에서 각종 환경 관련 상도 여러 차례 받았다.

철길숲은 인근 관공서, 학교, 상업시설과 연계되는 선형(線形) 녹지 축이다. 약 7만 평에 28만 그루의 꽃과 나무를 심고 편의시설을 설치했다. 2018년 완공 이후 휴식과 운동은 물론 출·퇴근, 등·하교를 위해 하루 3만 명이 찾는 포항의 보물이 됐다.

주거 환경이 열악했던 양학동 일대에는 카페와 음식점이 들어서 새로운 활력이 돌기 시작했다. 430억 원을 투자해 일궈낸 이 공간이 가져다 준 경제·사회적 가치는 돈으로 환산할 수 없을 만큼 거대해졌다. 녹색 정책이 곧 경제 정책인 점을 입증한 셈이다.

철길숲에서 걸어서 15분 거리에 포항 주민 40%가 거주하다 보니 반응은 매우 긍정적이다. 걷기, 자전거 이용 등 일상에서 쉽게 저탄소 생활을 실천하고, 건강을 지킨다는 자부심이다. 높은 이용률은 자연스레 주변 지역의 도시재생 효과로 이어졌다.

철길숲은 바닷가 중심이던 포항 관광의 전환점이란 평가도 받는다. 2022년 시작한 '힐링필링 철길숲 야행'은 지난해 8만 명이 찾을 정도로 특별한 야간 축제로 자리매김했다. 포항은 이제 사람을 중심 가치에 둔 녹색 생태도시라고 감히 자부한다.

포항 그린웨이 전경

　도시의 품격을 높이는 도심숲은 활력을 불어넣는 공간이
다. 기후 변화를 넘어 '기후 붕괴'라는 표현까지 나오는 요즘
에는 도시 경쟁력의 척도라고 할 수 있다. 시내 곳곳 숲과 물
길을 연결하는 그린웨이 프로젝트의 궁극적 목적은 도시의
지속 가능성 향상이다.

　비단 도심숲만이 아니다. 그린웨이 프로젝트는 ▶도심숲
조성을 포함한 센트럴 그린웨이 ▶호미반도 해안둘레길 등
해양권역의 오션 그린웨이 ▶내연산 치유의 숲 등 산림권역
정비를 위한 에코 그린웨이를 아우른다. 지속적이고 체계적
인 친환경도시로 변모하려는 것이다.

　녹지공간 확충은 도시의 기후 대응 능력을 높이는 데 기여
한다. 2017년부터 약 23만 평에 나무 2천200만 그루를 심어

열섬현상 완화, 미세먼지 저감을 이끌어 냈다. 학산천 복원 완료로 철길숲과 포항운하, 형산강은 약 20km에 걸쳐 이어지게 됐다.

시민들의 쉼터는 기업의 탄소 배출 부담을 덜어주고, 시 재정에도 보탬이 되는 선순환 구조를 만들기도 했다. 전국에서 가장 많은 6곳의 도심숲이 '온실가스 배출권 거래 외부사업'에 등록돼 있다. 온실가스 배출사업장에 연간 배출량을 할당하고, 부족분과 초과분에 대해 사업장 간 배출권 거래를 허용하는 것이다.

이는 탄소중립 실현을 위한 실질적 해결 방안을 제시했다는 점에서 의미가 있다. 포항은 6개 도심숲에서 연간 94t, 30년간 2천820t의 온실가스를 감축할 전망이다. 인증받은 감축량은 거래소를 통해 배출권이 필요한 기업에 판매할 수 있다.

하지만 여기에서 멈출 순 없다. 산업도시로서 속도와 효율성만 중시됐던 포항을 더 행복하고 쾌적한 도시로 바꾸려는 여정은 겨우 첫걸음을 뗐을 뿐이다. 내일의 포항은 쉼과 행복으로 대한민국 도시의 품격을 보여줄 것이다.

"시장님, 여기 공원 안 만들었으면 우얄 뻔했는교?" 지난 가을 어느 날 철길숲에서 만난 할머니의 환한 미소가 생각난다. 이 길 위에서 시민들과 함께 더 푸른 꿈을 꾸고 싶다.

| 2장 | 2030년 정원 속에 도시를 담다

지도자의 시선은 늘 임기 너머의 시간을 향해야 한다고 생각한다. 눈앞의 성과에 연연하는 조급함과 모든 것을 해내야 한다는 강박관념을 내려놓아야 한다. 지금 하려는 일이 10년, 20년, 30년 뒤에 좋은 평가를 받을 수 있을지를 먼저 고민하는 게 바람직하다.

퇴임 1년여를 앞둔 지난해 2월 '그린웨이 비전 2030'을 제시한 것 역시 그런 맥락이다. 10년 전 시작한 그린웨이 프로젝트는 성공한 정책으로 인정받고 있지만 완성 단계라고 말할 순 없다. '누구나 살고 싶은 도시'가 되려면 더 멀리 내다보는 로드맵이 필요하다.

내가 꿈꾸는 미래 포항의 모습은 '가든 시티'(Garden City)이다. 단순히 도시에 나무 몇 그루를 더 심는 것이 아니라 도시 자체가 하나의 거대한 정원이 되는 것이다. 사람을 중심에 두고 도심과 자연이 이어지는, 쾌적한 주거 공간을 의미한다.

상상해 보라! 집에서 나와 걸어서 5분이면 숲을 만나고, 그 숲길을 따라 출근하고, 학교에 가는 삶. 매연 속에 신호등을 기다리는 대신 '녹색보행자고속도로'를 따라 도심 곳곳을 자유롭게 누비는 쾌적한 일상. 시민들께 그런 여유를 돌려드리

해도도시숲과 포스코

고 싶었다.

우선 2030년까지 신규 녹지 약 121만 평을 추가로 확보해 나갈 계획이다. 이는 단순히 보기 좋으라고 하는 일이 아니다. 기후 위기라는 거대한 파도 앞에서 도시의 생존을 지키는 '도시 회복력'(City Resilience)을 갖추는 숙제라고 할 수 있다.

잘 가꾸어진 녹지는 재난의 순간 시민들의 안전한 피난처가 되고, 도시의 온도를 낮추며, 미세먼지를 걸러내는 거대한 허파가 된다. 녹색도시 포항의 미래는 '걸어서 5분 이내 녹지에 접근하는 주거편의성으로 인구가 유입되는 재난에 강한 도시'인 것이다.

2030년 포항의 1인당 도시숲 면적은 17.7㎡로, 세계보건기구(WHO) 권장 수준 15㎡를 넘어선다. 연구 결과에 따르면 도시숲 1ha는 연간 평균 168kg의 오염물질을 흡수한다. 또 미세먼지 농도를 평균 25.6% 낮추는 효과도 있다고 한다.

포항의 진심은 객관적인 지표로 증명되고 있다. '이화숲 가로수길'은 산림청의 '2025 녹색도시 우수 사례 공모'에서 도시숲 분야 최우수상을 받았다. 2.1km에 걸쳐 철길숲과 남구 상생공원을 연결해 녹지 네트워크를 형성한 점이 높은 평가를 받았다.

지난해 한겨레경제사회연구원이 발표한 '지역 회복력 평

가'에서 포항은 전국 10대 우수 기초자치단체에 이름을 올렸다. 수도권 및 광역시 산하가 아닌 지자체는 포항이 유일하다. 특히 환경 영역에서는 전체 4위에 올라 포항이 가는 길이 옳았음을 다시 한번 확신했다.

세부 평가지표는 탄소중립 추진사업, 일반폐기물 재활용률, 온실가스 배출량, 기후 변화 불안도 등이었다. 공동체의 참여 또한 평가에 반영됐다. 모두가 녹색 공간의 가치를 체감한 시민들께서 적극 동참해 주신 덕분이라고 생각한다.

도시의 회복력 강화는 촉발지진과 코로나19, 태풍 힌남노 피해를 겪은 포항으로선 매우 중요한 분야다. 도시의 경쟁력은 건물의 높이가 아니라 숲의 울창함에 있다. 지역 경제에 활력을 불어넣고, 지역 소멸의 위기를 극복한 모범 사례가 됐으면 한다.

캐나다 토론토대학의 리처드 플로리다 교수는 '창조 계급'(Creative Class) 이론으로 국내에도 잘 알려져 있다. 다양한 분야의 인재들이 활발하게 교류하고, 아이디어를 실현할 수 있는 환경이 조성돼야 도시가 발전한다는 논리를 편다. 한마디로 생활하기 좋고, 일하기 좋은 곳이어야 기업이 모여든다는 것이다.

철강산업에다 이차전지 등 첨단산업을 품은 포항은 그런 도시로 진화하고 있다. 포스텍의 젊은 연구원들이 '퇴근 후

숲길에서 러닝을 할 수 있어 좋다'고 말할 때, 나는 설렌다. 산업이 녹색 숲길과 이어지는 포항의 경쟁력은 세계 어느 도시와 비교해도 뒤지지 않을 것이다.

정원 속에 담긴 포항의 미래는 이제 막 찬란한 싹을 틔우기 시작했다. 훗날 시민의 한 사람으로 돌아가 철길숲을 걸으면서 "포항 참 살기 좋아졌네."라는 시민들의 웃음소리를 듣고 싶다. 그건 전임 시장으로서 누릴 수 있는 가장 큰 영광이자 기쁨일 것이다.

"이번 평가는 지역의 경제 성장이나 인구 규모와 같은 기존의 지자체 평가 방식이 아닌 도시의 지속 가능성과 위기 대응력 등 현실적이고 깊이 있는 분석이라는 점에서 의미가 깊다. 지속 가능성과 회복력은 더는 선택이 아닌 도시 생존의 필수 조건이다. 미래 세대를 위한 건강한 도시 환경을 조성하고, 지역의 자생적 성장 구조를 더욱 단단히 구축해 나가겠다."

- 언론 인터뷰 중

| 3장 | 갇힌 물길을 열어 도시에 숨통을 틔우다

마음이 복잡할 때 나는 운동화 끈을 조여 맨다. 시원한 바람을 맞으며 한두 시간 정도 걷다 보면 엉켰던 생각들이 자연스레 정리되곤 한다. 정신을 맑게 유지하고, 건강한 삶을 살고 싶다면 자연 속으로 들어가 걷기를 추천한다.

포항에는 철길숲, 호미반도 해안둘레길 등 걷기 좋은 곳이 많다. 최근에는 북구 중앙로를 가로지르는 학산천이 생태하천으로 복원돼 주목받고 있다. 준공이 예정보다 늦어졌지만 물길이 다시 흐르면서 주변에 활기를 불어넣을 것으로 기대한다.

학산천은 심각한 오염 탓에 1992년 이래 콘크리트 아래 갇혔던 하천이다. 지상은 왕복 4차로 도로와 주차장으로 활용됐다. 물론 복개(覆蓋) 당시에도 반대 의견은 있었다. 그러나 이미 죽은 하천으로 변한 만큼 도시 미관을 위해 덮어야 한다는 목소리가 더 컸다.

다른 도심 하천들도 상황은 비슷했다. 두호천, 양학천, 칠성천이 1990년대부터 2000년대에 걸쳐 철근콘크리트 구조물로 덮였다. 하지만 그 과정에서 죽도, 해도, 송도라는 이름의 유래가 된 크고 작은 하천들은 제 모습을 잃어버렸다.

나는 갇힌 물길을 다시 열고 싶었다. 그것이 진정으로 사람과 자연이 공존하는 친환경도시의 시작이라 믿었기 때문이다. 물길은 도시의 혈맥이며, 혈맥이 뚫려야 사람도 도심도 비로소 다시 살아난다. 침체된 구도심에는 부흥을 이끌 계기가 필요했다.

2020년 11월, 마침내 학산천 복원이라는 담대한 첫 삽을 떴다. 424억 원의 예산을 들여 900m 구간의 두꺼운 콘크리트를 걷어냈다. 하천 주변에는 산책로와 생태체험 공간을 조성했다.

다만 당초 계획보다 공사가 늦어지며 인근 주민들께 큰 불편을 드리기도 했다. 먼지와 소음을 견디며 물길이 다시 흐를 날을 묵묵히 기다려 주신 시민 여러분께 깊은 감사의 인사를 올린다.

마침내 작년 12월, 5년 만에 학산천에 맑은 물이 다시 돌기 시작했다. 복원된 하천은 단순히 보기 좋은 수변 공간이 아니다. 시간당 80mm의 집중호우를 견뎌낼 수 있는 치수(治水) 기능을 갖춘 안전장치이자 도심의 열섬현상을 식혀 줄 천연 에어컨이다.

앞서 지난해 8월에는 인근에 중앙동 행정복지센터가 공사를 시작했다. 지진 피해로 철거된 옛 시민아파트 터에 들어서는 이곳에는 공영주차장이 갖춰져 시민들의 학산천 이용 편의성이 높아질 전망이다.

특히 이 사업은 그린웨이 프로젝트 도시숲, 중앙동 일대 도시재생 뉴딜사업과 연계된다. 또 하나의 도심 관광명소가 탄생할 것으로 기대한다. 나머지 3개 하천 역시 복개 철거, 생태축 연결을 통한 친수공간 조성으로 문화·역사·교육이 있는 공간으로 만들 계획이다.

가까이에서 자연의 아름다움을 느낄 수 있는 도시 하천은 귀중한 환경 자원이다. 단순히 물길의 차원을 넘어 다양한 부가가치를 창출할 수 있는 생명력 넘치는 공간이다. 국내외 어디를 가더라도 친수공간을 보면 도시 행정의 수준을 가늠할 수 있다.

학산천 하부 물길 점검

도시는 삶의 흔적을 기록하는 공간이자 이야기를 담아내는 그릇이다. 그리고 좋은 도시는 시장 혼자 만드는 것이 아니라 그 공간의 가치를 알아보고 아껴주는 시민들이 함께 만드는 것이다. 아이들이 학산천에서 물고기를 잡으며 노는 모습을 본다면 가장 큰 퇴임 선물이 될 것 같다.

　철길숲이 도심의 척추라면 물길은 혈관이다. 이 둘이 만나는 지점에서 포항의 새로운 지도가 완성되고 있다. 멈췄던 물길을 다시 흐르게 한 도전이 품격 있는 미래를 여는 소중한 밑거름이 되기를 기원한다.

시민에게 개방된 학산천

지속 가능한 미래를 위한 여정에서 도시는 매우 중요한 역할을 한다. 전 세계 인구의 절반 이상이 도시에 모여 살기 때문이다. 다량의 온실가스, 폐기물 배출 등 다양한 환경 문제가 집중적으로 발생하는 곳이자 그 해답이 공존하는 곳이다.

도시는 실질적인 기후 위기 해법을 구현할 주체이다. 국가보다 신속하게 의사 결정을 내릴 수 있고, 기업보다 넓은 영역에서 변화를 주도할 수 있다. 당연히 도시에는 시민을 더 안전하고 건강하며 풍요로운 삶으로 이끌어야 하는 의무가 있다.

인류 생존과 직결된 기후 위기를 극복하려면 연대와 협력이 필수적이다. 어느 한 도시의 노력만으로는 실현이 불가능하다. 성공 사례는 마치 물결처럼 인접도시, 국가, 대륙으로 확산돼 종국에는 전체 지구 차원의 변화로 이어져야 한다.

그린웨이 프로젝트 등 포항의 탄소중립 노력을 글로벌 무대에 적극적으로 알려온 것도 이 연장선에 있다. 지속 가능성 추구를 넘어 실천하는 도시임을 증명했다. 포항의 성공은 전 세계 도시들에 영감을 주는 청사진이 될 것이라고 믿는다.

2024년 11월 아제르바이잔의 수도 바쿠에서 열린 '29차 유엔기후변화협약 당사국총회'(COP29)의 열기는 뜨거웠다. COP는 198개 협약 당사국 대표, 국제기구, 민간단체, 언론 등 수만 명이 참석하는 세계 최대 규모의 기후 관련 정상회의다.

나는 산업도시 포항이 왜 숲 향기 나는 생태도시로 탈바꿈하려 했는지를 설명했다. 또 이차전지·수소산업 등 친환경 첨단산업 육성과 그린웨이 프로젝트의 성과를 소개했다. 2027년 '지속가능성을 위한 세계지방정부협의회'(ICLEI) 세계총회 유치 의사도 피력했다.

도시 대표들은 포항의 드라마 같은 변신에 놀라워했다. 유사한 과제에 직면한 다른 도시들에게 모범 사례가 될 것이란 호평이 쏟아졌다. "무엇보다 지방정부와 기업, 시민이 함께 노력한다는 점이 인상적"이라는 한 전문가의 찬사는 내 가슴을 뜨겁게 만들었다.

앞서 그해 9월에는 중국 심천에서 열린 '유엔 기후변화 글로벌혁신허브'(UGIH) 산하 시스테믹혁신워크숍에 국내 지방자치단체로는 처음 참여했다. UGIH는 2021년 영국에서 개최된 COP26을 계기로 출범한 기구로, 도시별 기후위기 대응전략 수립 등을 지원한다.

영상으로 진행한 기조연설에서 나는 포항의 생태도시 실현 의지를 강조했다. 다양한 국제기구와 협력사업을 추진하겠다고도 밝혔다. 탄소중립 선도도시로서 지역의 역량을 세계에

알린 이 행사는 이듬해 7월 국내 첫 UGIH 워크숍의 포항 개최로 이어졌다.

당시 마크 마슬린 영국 유니버시티 칼리지 런던(UCL) 교수의 기조연설은 큰 울림을 줬다. "산업도시의 지속 가능성은 기후 딜레마에 대한 과감한 선택에 달려 있다."는 것이다. 도시 행정 책임자로서 기후 변화 연구의 권위자인 그의 의견에 공감하지 않을 수 없었다.

그는 지난해 10월 런던 방문 때 재회했다. 지속 가능성 분야에서 세계 최고로 꼽히는 UCL의 더 바틀렛(Bartlett) 단과대와 포항공대·한동대의 공동 연구를 제안했다. 포항의 청년들이 기후 변화 연구자가 1천 명에 이른다는 UCL에서 '그린 리더십'을 키우길 소망한다.

탄소중립 세계 선도도시로 나아가는 포항의 여정은 지난해 5월 세계녹색성장포럼(WGGF) 개최로 소중한 첫 결실을 맺었다. 개막식에는 이명박 전 대통령 등 여러 내빈과 국제기구 관계자, 기업·시민단체 대표들이 참석해 포항의 시그니처 국제회의 출발을 축하했다.

WGGF는 인류에게 가장 중요한 과제인 기후 변화에 대비하는 세계의 동향을 파악하고, 상호 협력해 나가는 토대라는 점에서 의미가 크다. 일본 요코하마, 중국 텐진도 참가해 녹색정책 실천 사례를 소개했다. 특히 시민 주도의 '타운홀

COP'와 13개 국가 76개 팀이 참가한 '청년 기후 해커톤' 행사는 새로운 기후 거버넌스 모델로 주목받았다.

무엇보다 지방도시가 국제 의제에서 주도적 역할을 할 수 있음을 보여줬다는 점에서 뿌듯하다. WGGF가 녹색산업 분야의 다보스 포럼으로 성장해 세계 모든 국가가 참여하는 회의가 되길 바란다. 다시 한번 WGGF 준비에 애쓴 모든 분과 관심을 보여주신 시민께 감사드린다.

이런 흐름 속에 포항은 2027년 ICLEI 세계총회 개최도시로 지난해 10월 확정됐다. 집행위원회 참석 위원 93%의 압도적 지지는 포항의 진심이 세계에 통했음을 보여주는 증거였다. 한국 개최는 2015년 서울에 이어 12년 만이다.

ICLEI는 세계 최대 규모의 지방정부 회의로, 지속 가능한 도시 개발과 기후 변화 대응 등을 논의한다. 125개 국가 2천500여 회원도시가 있으며, 국내에선 56개 자치단체가 참여하고 있다. 1990년 설립됐으며 세계총회는 3년에 한 번 열린다.

2027년 ICLEI 총회는 100여 개 이상 국가의 도시 대표들이 참여한 가운데 10월 중 포항국제전시컨벤션센터(POEX)에서 열릴 예정이다. 포항 역사상 가장 큰 국제 행사이자 포항의 가치를 세계에 알리는 전환점이 될 것이다. 바야흐로 포항의 시간이 열리고 있다.

포항의 다음 과제는 2028년 COP33 유치다. 브라질이 2024

년 ICLEI 총회와 2025년 COP30을 연달아 개최한 점을 고려하면 가능성이 크다. 산업도시의 지속 가능한 전환 모델을 제시하려는 포항이 대한민국 탄소중립 달성의 주춧돌이 되는 날까지 나도 끊임없이 응원할 것이다.

　"포항시는 지난 반세기 세계적인 철강도시로 발돋움하며 우리나라 산업화와 경제 성장을 견인했습니다. 하지만 탄소 배출량이 많고 대내외적 위기에 취약하다는 한계가 과제였습니다. 이런 이유 때문에 지난 10여 년 탄소중립은 물론 성장 가능성도 높게 전망되는 이차전지·수소·바이오 등 신산업을 역점 육성해 나간 것입니다. 포항의 지속 가능한 친환경 녹색도시 비전인 '그린웨이 프로젝트' 또한 세계적인 녹색도시 조성의 성공 사례로 인정받고 있습니다. 탄소 흡수, 미세먼지 저감 등 중요한 기능을 하는 도시숲은 물론 치유숲, 둘레길 등 축구장 107개 규모에 달하는 76만㎡의 녹지공간을 새롭게 확보했습니다. 이런 도시 발전상을 마이스산업과 접목해 포항만의 차별화된 발전전략을 수립하고자 하는 것입니다."

- 언론 인터뷰 중

세계녹색성상포럼(WGGF) 2025 참가 노시 대표난
지속 가능한 도시 전환을 논의하는 국제 회의 현장

뜨거운 열정은
강철도 녹인다

제3부

위대한 포항시민들과
함께 도약의
드넓은 세계로 나아가다

헌신과 도전의 12년,
도시를 바꾼 이야기

위대한 포항시민들과 함께
도약의 드넓은 세계로 나아가다

| 1장 | POEX, 글로벌 도시로 나아가는 관문

2022년 7월 1일, 민선 8기 취임식은 꽤 화제였다. 첫 3선 시장이기도 했거니와 딱딱한 취임사 대신 프레젠테이션 형식으로 주요 정책의 성과와 추진 방향을 설명한 덕분이었다. 행사에 참석한 1천여 명의 시민들도 박수로 응원해 주셨다.

내가 강조한 키워드는 '미래'였다. 바다를 비롯해 포항만의 강점을 바탕으로 경쟁력 있는 신산업을 육성, 더 큰 도약을 이루겠다고 약속했다. 물론 이차전지산업 등 목표했던 산업 구조 다각화가 어느 정도 궤도에 올랐다는 자신감도 깔려 있었다.

주목한 신성장동력은 마이스(MICE) 산업이다. 경북 속 포항, 대한민국 속 포항을 넘어 글로벌도시로 성장하려면 꼭 필요하다고 봤다. 쇳물과 배터리로 다진 산업의 기반 위에 이제는 사람과 정보가 모이는 플랫폼을 세워야 할 때라고 판단했다.

Meeting(회의), Incentives(포상관광), Convention(컨벤션), Exhibition(전시)의 머리글자를 딴 MICE산업은 '비즈니스의 꽃'으로 불린다. 연구에 따르면 마이스 참가자는 일반 관광객보다 소비액이 65% 이상 많다고도 한다. 연관 산업 파급효과가 엄청난 셈이다.

특히 '방탄소년단'(BTS), '케이팝 데몬 헌터스'를 필두로 하는 K-팝 등 우리 문화는 세계인의 여행 스타일을 바꿀 정도로 위상이 높아졌다. 최근 농림축산식품부가 발표한 조사 결과에 따르면 외국인들의 한식에 대한 만족도는 무려 94.2%에 이르렀다.

하지만 포항에는 이들을 끌어들일 만한 전시컨벤션 공간이 아직 없다. 한 · 러시아 지방협력포럼 등 여러 국제 행사를 포항실내체육관 등에서 치렀다. 경북에서 가장 많은 기업체가 있는 도시이면서도 큰 국내 행사조차 거의 유치하지 못하는 실정이다.

전시컨벤션센터 건립은 2022년 행정안전부의 지방재정 중앙투자심사를 통과하면서 급물살을 탔다. 이 절차는 지방재정의 효율적 운영 및 중복 투자 방지를 위해 주요 사업의 예산 편성 전에 필요성을 심사하는 것이다. 한마디로 중앙정부가 건립 타당성을 인정한다는 의미이다.

이후 2023년 건축 설계와 기타 사전 행정절차를 마쳤고, 2024년 5월에는 시민 공모로 명칭을 '포항국제전시컨벤션센터'(POEX)로 확정했다. 곧바로 동부건설과 시공 계약을 체결한 뒤 7월 18일 첫 삽을 떴다. 완공은 2026년 12월 예정이다.

국비 포함 2천166억 원을 투자하는 POEX는 북구 장성동 옛 미군부대 '캠프 리비' 터에 들어선다. 지하 1층 지상 5층 건물로, 연면적은 6만 3천818㎡(약 1만 9천300평)이다. 대형 전시장과 컨벤션홀, 중·소회의실, 시민 휴식공간, 상업·업무 시설 등으로 구성된다.

세계에 포항을 알릴 이곳의 강점은 국내 유일의 도심 해변 전시공간이라는 것이다. 푸른 파도가 넘실대는 영일대 해수욕장까지 걸어서 5분 남짓이다. 지역 주력산업 관련 전시회는 물론 유행의 첨단을 달리는 문화행사를 즐기기에도 제격이다.

포항시는 다채로운 개장 기념행사를 준비 중이다. 대형 산업전시회는 물론 탄소중립을 주제로 한 글로벌 포럼, 관광·문화 융합 박람회 등을 검토하고 있다. 각종 행사를 지원할 인력 양성을 위해 '포항 마이스 아카데미'도 운영한다.

POEX 바로 옆 동부초등학교를 편입하는 2단계 확장 역시 추진 중이다. 인근 주민들을 대상으로 설명회를 열어 이해와

포항국제전시컨벤션센터 착공식 현장

포항국제전시컨벤션센터 (POEX) 조감도

협조를 구하고 있다. 특히 학교 이전에 따른 학부모들의 우려를 세심히 고려해 종합 대책을 내놓을 방침이다.

마이스산업의 필요조건인 첫 특급 호텔(26층 객실 221개)도 영일대해수욕장 공영주차장 부지에 2027년 착공한다. 포항역, 고속버스터미널, 포항경주공항과는 승용차로 15~30분 거리이다. 포항시는 이와 관련해 국제회의복합지구 지정을 신청할 계획이다. 용적률 완화, 재정 지원, 교통유발부담금 감면 등의 혜택을 받을 수 있다.

남은 것은 풍부한 콘텐츠 확보이다. 역량은 지난해 5월 첫 '세계녹색성장포럼'(WGGF)을 성공적으로 개최하며 이미 확인했다. WGGF는 포항의 시그니처 국제회의로 육성해 스위스 다보스 포럼 같은 권위를 갖춘 행사로 성장시킬 계획이다.

지난해에는 '지속가능성을 위한 세계지방정부협의회(ICLEI) 2027 총회' 유치를 확정했다. 100여 국가 지방정부와 국제기구·학계·시민사회 관계자 1천여 명이 참여하는 행사이다. 또 2028년 '유엔 기후변화협약 당사국총회'(COP33)를 유치해 포항의 브랜드를 높일 계획이다.

물론 POEX 건립에 대한 시민들의 걱정도 알고 있다. 국내 도시들 간 마이스산업 경쟁이 워낙 치열하기 때문이다. 그러나 명확한 비전과 특색 있는 산업·문화 정체성을 살려 나간다면 미래 100년 캐시 카우(Cash cow · 수익 창출원)로 톡톡히 역할을 할 것으로 자신한다.

2단계 확장이 완료되면 POEX는 전국 5위 안에 꼽히는 시설을 갖춘다. 추진 중인 영일만대교까지 건설되면 그야말로 포항의 퀀텀 점프를 이뤄낼 마중물이 될 것이다. 마이스산업의 성장에 따른 청년과 여성 일자리 확대는 포항의 매력도를 한층 높일 것이다. POEX가 가져올 활기찬 미래가 벌써부터 기다려진다.

"인터뷰 말미 이강덕 시장은 꼭 하고 싶은 말이 있다고 했다. 그러고는 기회가 된다면 10년 뒤 포항전시컨벤션센터와 관련해 인터뷰를 다시 한번 하자고 제안했다. 재임 중 자신의 치적을 드러내 과시하려는 것이 절대 아니라는 말도 덧붙였다. 이 시장은 '포항전시컨벤션센터 개발은 처음 시장으로 취임한 때부터 10년간 추진해 온 숙원사업'이라며 '10년 뒤에는 그저 다른 도시에도 있으니까 우리 지역에도 하나쯤 있으면 좋은 시설이 아니라 포항의 미래 먹거리를 가져다 준 효자 시설이라는 평가를 받게 될 것으로 확신한다'고 말했다."

- 언론 인터뷰 기사 중

| 2장 | 쉽지 않지만 가야만 하는 길, 북극항로

2005년 10월, 오래도록 탐험의 영역에만 머물러 있던 북극이 글로벌 상업 네트워크에 편입되는 '사건'이 있었다. 동아시아와 유럽을 잇는 북극항로(北極航路) 정기 노선이 처음으로 열린 것이다. 새로운 '대항해시대'가 눈앞의 현실로 다가왔다.

중국 저장성 닝보항을 떠난 컨테이너 화물선이 영국 동부 펠릭스토우항에 닻을 내리는 데 걸린 시간은 딱 20일이었다. 기존의 수에즈운하(40일), 희망봉(50일) 노선보다 훨씬 짧다. 중국·유럽 간 화물열차에 비해서도 닷새 이상 단축됐다.

무엇보다 나의 관심을 끈 대목은 주요 화물이 리튬이온 배터리와 태양광 관련 제품이었다는 점이다. 열에 민감하고, 시간 제약이 있는 화물 운송에 북극항로가 적격이라는 의미이다. 국내 이차전지 산업의 메카인 포항에 무척 반가운 소식이다.

컨테이너 4천여 개를 실은 이 화물선은 네덜란드, 독일, 폴란드 항구에도 들렀다. 북극항로가 글로벌 공급망 최적화와 무역 촉진에 기여할 것으로 기대되는 이유이다. 향후 포항 영일만항도 환적항(換積港)으로서 역할이 커질 수밖에 없다.

북극항로가 새로운 무역 루트로 각광받는 배경은 지구 온난화로 해빙 속도가 빨라졌기 때문이다. 이번 중국 화물선은 쇄빙선 도움 없이 전 구간을 통과했다고 한다. 물론 겨울은 아니었지만, 북극항로 주요 구간의 바다에는 얼음이 거의 남지 않은 상태였다.

알려진 대로 북극항로는 극동과 유럽을 잇는 최단거리 바닷길이다. 한국에서 유럽까지 수에즈운하를 거치면 약 2만 2천km를 항해해야 하는데 북극항로는 1만 5천km에 불과하다. 운송시간을 열흘 이상 앞당길 수 있어 물류비를 약 25% 절감할 수 있다.

그뿐만 아니라 북극은 석유, 천연가스, 희토류를 비롯한 광물 자원이 풍부한 '블루 오션'이다. 항로 주변이 본격 개발된다면 물류 혁신을 넘어 에너지원 채굴·수송 거점으로 떠오를 전망이다. 에너지 수입의존국인 우리로선 공급망 불안에 대비하는 또 하나의 옵션이다.

북극권 국가는 물론 강대국들이 앞다퉈 북극항로에 투자하는 것은 당연한 일이다. 선점에 따른 지정학적, 정제적 가치는 따지기 힘들 정도다. 머지않은 미래에 연중 항해가 가능해진다면 '제2의 싱가포르'를 꿈꾸는 물류 허브도시들이 급부상할 것이다.

사실 우리의 북극항로 개척은 이미 10여 년 전 시작됐다. 이명박 전 대통령이 2012년 9월 주요 국가 지도자 중 처음으로 그린란드를 방문했다. 자원 개발 및 북극항로 개척에 협력하기로 하면서 한국은 2013년 정부 간 협의기구인 '북극이사회'(Arctic Council) 정식 옵서버가 됐다.

이어 박근혜 정부에선 다섯 차례 시범운항을 통해 실증에 나섰다. 다만 쇄빙선 확보, 비싼 보험료 등의 문제로 만족스러운 결과는 얻지 못했다. 2022년 러시아·우크라이나 전쟁이 발발한 뒤에는 러시아에 대한 서방의 경제 제재가 이어지면서 이렇다 할 움직임이 없었다.

포항시는 북극항로 활성화에 대비해 2018년 한·러 지방협

북극항로 관련 항만 현장 시찰

력 포럼을 개최한 이래 블라디보스토크 등 현지 지방정부와 꾸준히 교류해 왔다. 러시아는 북극해 연안의 53%를 차지한다. 2025년 8월에는 지노비예프 게오르기 주한 러시아 대사가 영일만항 인프라를 둘러보기도 했다.

이어 9월에는 블라디보스토크에서 열린 제10회 동방경제포럼에 포항시 대표단이 참가해 영일만항의 비전을 홍보했다. 러시아 정부가 주도하는 이 국제회의에는 나도 2018년과 2019년에 참석한 바 있다. 크루즈와 정기 페리 노선 유치 등을 집중적으로 논의한 기억이 생생하다.

북극항로에 대한 각국의 관심은 지난해 10월 아이슬란드에서 열린 '북극서클 총회'(Arctic Circle Assembly)에서 눈으로 확인했다. 북극 관련 포럼으로선 최대 규모로, 한국·중국·일본 등 70여 국가가 찾았다. 한국의 북극항로 관문은 포항이란 점을 알리는 데 최선을 다했다.

국내 자치단체장으로선 처음 참석한 나는 비즈니스 세션을 열고 1시간 동안 포항의 첨단 산업과 영일만항의 강점, 탄소 중립 정책 등을 소개했다. 다행히 총회 비즈니스 포럼의 포항 개최, 북극항로 연안도시 간 협의체 구성 제안이 좋은 반응을 얻었다.

아이슬란드 정부와는 전기선박 개발 협력이라는 성과를 거뒀다. 포항의 이차전지·수소에너지 기술과 현지의 청정에너지를 접목하자는 아이디어였다. 실제로 북극항로의 과제 중 하나는 환경 우려 해소이다. 수도 레이캬비크와는 아시아 도시 최초로 자매 결연을 추진키로 했다.

이밖에 북극권 국가의 민간기업들로 구성된 북극경제이사회(AEC), 북극권 대학들의 협의체인 북극대학연합(UArctic), 북극해 22개 도시 시장들이 참여하는 북극시장포럼(AMF) 관계자들과 만나 교류협력 방안을 논의했다.

나는 북극항로가 포항의 지정학적 강점을 활용할 절호의 기회라고 확신한다. 서해안이 중국 특수(特需)를 기반 삼아 급성장했듯 동해안도 해상 물류 요충지로 거듭날 것이다. 포항의 철강·이차전지산업을 비롯해 대구경북의 자동차부품·방위산업 수출물량에다 수도권 물류까지 끌어온다면 경쟁력은 충분하다.

그런 점에서 유빙의 위치를 실시간으로 파악하고 배에 안전한 경로를 알려주는 상황실인 '북극해운정보센터'는 반드시 포항으로 와야 한다. 포스텍에는 지표면 반사파를 합성·처리함으로써 고해상도 영상을 만드는 위성 SAR 기술이 있기 때문이다. 정부의 현명한 판단을 기대한다.

| 3장 | 국제학교, 글로벌 인재들의 요람

맹자의 어머니가 아들을 위해 세 번이나 이사했다는 뜻인 '맹모삼천지교'(孟母三遷之敎)는 교육 환경의 중요성을 일컫는 표현이다. 이는 도시 전체로 봐서도 다르지 않다. 맹모가 마지막으로 정착한 서당 인근처럼, 좋은 학교가 있어야 사람이 모인다.

세계와 함께 성장하는 지속 가능한 도시를 표방하는 포항도 마찬가지다. 경북 속 포항, 대한민국 속 포항을 넘어 글로벌도시가 되려면 필수적으로 갖춰야 할 조건이 우수한 교육기관이다. 재임 동안 국제학교 유치에 심혈을 기울인 이유였다.

나를 포함한 포항시 대표단은 지난해 10월 영국 웨일스에 있는 브레콘(Brecon)이란 소도시를 찾았다. 영국 왕실이 후원하는 사립학교인 '크라이스트 칼리지 브레콘'(CCB) 분교 유치를 위해서였다. 1541년에 설립됐으니 역사가 거의 500년인 유서 깊은 학교이다.

유치원부터 고등학교까지 만 4~18세 학생 400여 명이 다니는 CCB는 현지에서 최상위권 기숙형 학교로 꼽힌다. 현재 한국을 비롯해 12개 국가에서 온 유학생들도 재학 중이다. 뛰어난 학업성취도를 바탕으로 졸업생의 유럽 100위 내 대학 진학률이 70~75%에 이른다.

　마이클 데이비스 이사장, 가레스 피어슨 교장 등 학교 관계자들은 수업 모습과 교내 시설을 꼼꼼히 안내했다. 웨일스의 수도인 카디프와 포항의 자매결연을 추천하기도 했다. 철강 산업에서 첨단산업으로 경제 업그레이드를 추구한다는 공통점이 있다고 했다.

　나는 국내 최고 수준의 이공계 대학인 포스텍, 각종 연구기관과 연계한 미래형 국제 교육 허브를 구축하겠다는 목표를 상세히 설명했다. CCB는 전인교육 철학, 교과 운영 경험을 공유하며 협력 가능성을 확인했다. 경북 1호 국제학교 유치가 확정된 순간이었다.

　이들은 한 달 뒤인 11월 포항을 방문해 국제학교 설립 양해 각서를 교환했다. 2029년 개교 목표로 아시아 최고 국제학교를 만드는 데 힘을 모으기로 했다. 이름만 빌려오는 게 아니라 콘텐츠와 운영 체제를 그대로 도입해 진정한 국제 교육 모델을 만들 방침이다.

　포항 국제학교는 경제자유구역의 지정·운영에 관한 특별법에 근거를 두는 '외국교육기관'이다. 초·중등교육법에 따르는 '외국인학교'와는 개념이 다르다. 현재 외국교육기관은 대구 1곳, 인천 2곳, 제주도 4곳 등 전국 7곳뿐이다.

　특히 외국교육기관은 외국인 자녀 등을 대상으로 하는 외국인학교(전국 38곳)와 달리 내국인의 입학 자격에 제한이 없다. 다만 정원의 최대 50%까지만 내국인을 뽑을 수 있다. 포항 국제학교는 정원을 1천500명으로 예상한다.

포항 국제학교는 홍해읍 이인·대련리에 조성된 펜타시티(포항융합기술산업지구)에 들어선다. 6만 6천㎡(약 2만 평) 부지에 본관과 교사, 기숙사, 도서관, 수영장 등을 갖춘다. 총 사업비는 국비와 지방비 각각 400억 원, 민간 투자 800억 원 등 1천800억 원이다.

국제학교 설립을 위한 업무협약(MOU) 체결식

사실 부산, 인천, 평택 등 다른 자치단체들도 국제학교 설립을 적극적으로 추진 중이다. 기업과 외국인 투자 유치를 촉진하는 핵심 기반시설이기 때문이다. 궁극적으로는 지방소멸 위기를 극복하고, 시민 삶의 질을 높이는 데 중요한 역할을 할 것이다.

다른 지역에 비해 포항이 갖는 강점은 여러 가지를 꼽을 수 있겠지만 무엇보다 과학 연구 인프라가 탄탄하다는 점을 빼놓을 수 없다. 특히 CCB는 물리·수학 등 이공계 교육에 뛰어나 시너지 효과가 기대된다. 국내뿐 아니라 일본, 중국 등에서 유학생 유치도 가능하리라고 본다.

지역의 인재 양성 기반이 될 국제학교 설립은 그동안 우여곡절을 겪었다. 포스코교육재단이 2008년부터 추진했던 포항 외국인학교는 설립 인가까지 받았으나 끝내 무산됐다. 이후 미국, 영국, 캐나다 학교들과 협의가 진행됐으나 개교에 이르지는 못했다.

잇단 실패의 원인은 사업자가 교육사업 외 영리활동이 주된 목적인 경우가 많았기 때문이다. 그래서 나는 현재 경제자유구역 개발사업자인 ㈜포항융합티앤아이를 학교 설립 민간사업자로 영입하고, 포항시가 학교들과 직접 협의하도록 했다. 전담 태스크포스(TF)도 구성했다.

이미 설립 타당성 분석 및 실행계획 수립 연구용역은 착수

했다. 이 결과는 학교 설립에 중요한 절차인 정부의 타당성 조사, 지방재정 투자심사에 기반이 될 것이다. 이 모든 과정을 거쳐 국제학교가 문을 열면 포항의 브랜드 가치는 급상승할 것이다.

　국제학교 설립은 단순한 교육사업이 아니라 포항의 산업구조 전환을 위한 핵심 프로젝트다. 나아가 CCB에 이은 제2, 제3의 국제학교 유치 노력도 계속되어야 한다. 국내외 우수한 학생들이 포항에서 공부한 뒤 지역 대학, 연구개발 기관, 첨단산업 기업체에서 연구를 이어가는 모습은 상상하기만 해도 뿌듯하지 않은가! 50만 시민의 숙원사업인 포항 국제학교에 대한 지역민들의 애정 어린 관심을 당부드린다.

뜨거운 열정은
강철도 녹인다

제4부

조국 근대화의
중심산업도시에서
꿈꾸는 낭만도시를 만들다

헌신과 도전의 12년, 도시를 바꾼 이야기

조국 근대화의 중심산업도시에서
꿈꾸는 낭만도시를 만들다

| 1장 | 강철 심장을 가진 보랏빛 소가 온다

'마케팅의 거장' 세스 고딘은 평범한 흰 소들 사이에서 눈을 뗄 수 없게 만드는 독창적 존재를 '보랏빛 소'(Purple Cow)라고 불렀다. 나는 이 회색빛 강철도시에 바다의 낭만을 더해 세상 어디에도 없는 보랏빛 소처럼 매력적인 도시를 만들겠다고 마음먹었다.

단순히 뛰어난 자연환경을 홍보해 관광객을 늘리자는 차원이 아니다. 이차전지 등 첨단산업에다 관광을 접목해 경북 동해안을 수도권에 대응하는 경제권으로 도약시키는 게 궁극적 목표다.

창조적이고 활력 넘치는 '블레저(Business+Leisure)도시'가 나아갈 방향이다. 동해 일출을 보며 상쾌하게 하루를 시작하고, 비즈니스를 마치면 호텔·쇼핑몰·문화공간에서 여유를 즐기는 도시에는 사람들이 몰려들 수밖에 없다. 신선한 해산물 등 먹을거리까지 풍성하다면 금상첨화다.

잿빛 철강도시라는 편견을 깨트리려는 노력은 중앙정부 주요 사업과 긴밀히 연계되면서 결실을 맺고 있다. 가장 눈에 띄는 성과는 지난해 7월 전국 첫 '복합 해양레저관광도시' 선정이다. 머무르고 싶은 도시, 매력 넘치는 도시로 도약할 계기가 마련됐다.

해양수산부가 주관하는 이 프로젝트는 레저·관광 잠재력이 높은 지역에 민간 투자와 재정 지원을 더해 해양관광 거점으로 조성하는 것이다. 2034년까지 국·비 2천억 원을 포함해 1조 3천500억 원이 투입된다. 전국 9개 자치단체가 치열한 경쟁을 펼친 이유다.

특히 이 사업은 사계절 체류형 인프라 부족이라는 지역의 고질적 과제를 해결할 기회다. 도심과 해안이 맞닿은 포항은 KTX역·공항·항만 등 뛰어난 접근성이 강점이지만 그동안 투자가 지연돼 왔다. 이 때문에 피서철에만 인파가 몰리는 구조적 한계가 있었다.

특급 호텔, 리조트, 마리나(marina), 전시컨벤션센터 등 즐길거리가 집적되면 관광 패턴은 당일 방문에서 체류형으로 바뀔 것이다. 당연히 지역 경제에서 관광이 차지하는 비중은 높아진다. 부러워만 하던 도쿄, 싱가포르, 홍콩 같은 글로벌

도시로 성장할 날개를 다는 셈이다.

동해안 해양관광 지도를 바꿀 무대는 환호공원~영일대~송도해수욕장으로 이어지는 '영일만관광특구'다. 지역별로 보면 북쪽 환호지구는 해양레저와 문화예술로 특화된다. 기존 스카이워크, 환호공원, 시립미술관에다 수상레저 체험·마리나 시설이 보강된다.

특구 중앙인 영일대지구는 해양경관데크와 호텔, 포항국제전시컨벤션센터(POEX), 야간관광 콘텐츠로 채워진다. 지난해 해수욕장이 18년 만에 재개장한 남측 송도지구에는 돔 공연장, 대관람차를 신설해 포항운하, 죽도시장 등과 함께 로컬 문화·예술 공간으로 거듭난다.

지난해 송도해수욕장 재개장 첫날 나는 동호인들과 함께 수상 오토바이를 몰며 축하 퍼포먼스를 펼쳤다. 손녀와 함께 찾은 한 어르신은 "내 평생 다시는 송도해수욕장에 인파가 북적이는 걸 볼 수 없을 줄 알았는데, 너무 반갑고 고맙다."라고 하셨다. 옛 추억을 되돌려 드린 것 같아 행복했다.

이곳의 전체적인 콘셉트는 일본에서 가장 살기 좋은 도시로 자주 꼽히는 요코하마의 '미나토미라이21'과 유사하다. 도쿄에서 기차로 30분이면 도착하는 이곳은 연간 수천만 명이 찾는 성공적 재개발 사례다. 접근성과 항구도시의 여유로움을 모두 갖춘 덕분이다. 물론 영일만관광특구가 개발 20년이 지난 미나토미라이21 벤치마킹에 그치진 않을 것이다.

관광 활성화의 '최종 병기'는 영일만대교이다. 동해안 산업·교통 인프라 혁신의 핵심인 영일만대교는 지역 숙원사업이지만 예산 확보가 더딘 데다 노선마저 확정되지 않았다. 해양레저관광도시 육성이란 국책사업이 완성되려면 당연히 도시 전체가 유기적으로 연결돼야 한다.

10년 뒤 웅장한 영일만대교를 바라보는 영일대 풍경을 상상하면 가슴이 벅차다. POEX와 스카이워크·대관람차·요트를 즐기는 관광객, 가족·연인 또는 반려견과 산책하는 시민들, 밤이면 더 아름답게 빛나는 포스코 야경과 스카이라인까지. 평온하면서도 활기찬 모습을 어서 보고 싶다.

영일만을 가로지르는 장대한 교량은 그 자체로도 랜드마크이지만 호미반도 개발에 강력한 촉매가 될 것이다. '코스타밸리 관광휴양지구 개발사업'과 '호미곶 골프·리조트 조성사

업'은 전략환경영향평가, 주민설명회 등 행정절차가 순조롭게 진행 중에 있다. 사업비는 1조 1천억 원이 넘는다.

코스타밸리 관광휴양지구(장기면 두원리)에는 500실 규모 숙박시설과 골프장, 펫파크, 딥다이브 시설, 푸드테크관광센터가 2028년 들어선다. 초고령화 시대를 반영한 웰니스센터, 온천 시설도 갖춰 아시아 최고 수준의 장기 체류형 리조트를 표방한다.

호미곶 골프·리조트 조성사업(호미곶면 구만리)은 2027년 연말 준공 목표로 추진되고 있다. 이로써 도시 전체가 거대한 레저·놀이공원으로 변모하는 셈이다. 다양한 휴양시설 개발이 마무리되면 일자리 창출 등 파급효과는 엄청날 것으로 기대한다.

이는 비수도권이라 하더라도 지방정부가 독자적 비전과 실행력을 갖춘다면 투자 유치에 불리하지 않다는 점을 보여주는 사례다. 개발지역 주민 의견도 적극 반영해 지역 주도형 프로젝트의 성공 모델을 만들 것이다. 핵심 사업에는 국제 공모 역시 병행할 계획이다.

철강산업으로 대한민국을 일으켜 세운 포항은 이제 다시 한반도 융성의 첨병이 되려 한다. 첨단산업과 바다를 통해 미래를 열어가려 한다. 독창적이고 차별화된 보랏빛 소로 진화하려 한다.

| 2장 | 구름 위를 걷고, 장미의 바다를 품다

시 승격 70주년을 맞아 2019년 1월 15일 '포항 방문의 해 선 포식'을 가졌다. 시민들부터 고장의 매력을 공감해야 한다는 취지에서 새로 선정한 '포항 12경'(景)을 발표했다. 700만 관광객 유치로 지역의 재도약 계기를 만들자고 결의했다.

12경은 ▶호미곶 일출 ▶내연산 12 폭포 ▶운제산 오어사 ▶호미반도 해안둘레길 ▶영일대·포스코 야경 ▶포항운하 ▶경상북도수목원 ▶연오랑세오녀테마공원 ▶철길숲(불의 정원) ▶죽장 하옥계곡 ▶장기읍성 유배문화체험촌 ▶구룡 포 일본인 가옥거리이다.

12경은 온·오프라인 시민 참여와 관광 관련 단체 자문을 받아 정했다. 시민들이 뽑은 '2019년 포항 10대 뉴스'에도 포함됐다. 나 또한 2017년 촉발지진으로 가라앉은 지역 경제를 되살리고, 도시 이미지를 높이기 위해 이리저리 뛰어다닌 기억이 생생하다.

시민사회, 출향인, 경제계가 한마음으로 애쓴 덕분에 그해 관광객은 714만 4천 명을 기록하며 사상 처음 700만 명을 돌파했다. 코로나19로 잠시 주춤했으나 2023년 759만 명, 2024 년 715만 명 등 꾸준히 700만 명을 웃돌았다. 2025년에는 800

만 돌파가 유력하다.

포항 12경은 앞으로 숫자가 더 늘어나야 할 것 같다. SNS를 뜨겁게 달구는 핫 플레이스가 여러 곳 추가됐기 때문이다. 포항은 산업도시라는 오랜 편견에서 벗어나 명실상부 낭만 가득한 여행지로 거듭났다.

2021년 개장 이래 랜드마크로 우뚝 선 '스페이스 워크' 부터 떠오른다. 포스코가 사회 공헌 차원에서 만든 이곳은 문화체육관광부 '한국 관광의 별' 에 이어 '한국 관광 100선' 에 뽑혔다. 국내 유일의 체험형 예술작품으로서 철강도시의 상징성을 살려 지역문화 역량을 발전시킨 사례로 평가받는다.

독일 작가 하이케 무터와 울리히 겐츠의 '클라우드' (Cloud)

라는 설계안(案)을 처음 보고 나는 무릎을 쳤다. 단순히 구경하는 다리가 아니라 구름 위를 걷듯 시민들이 직접 발을 내딛는 역동성! 그것은 지진 트라우마를 겪은 시민들에게 가장 필요한 자유로운 비상의 메시지였다.

제막식에 참석한 울리히 겐츠의 소감을 옮긴다. "철로 그려진 우아한 곡선과 밤하늘을 수놓은 조명은 철과 빛의 도시 포항을 상징한다. 스페이스 워크에서 내려다보는 아름다운 포항의 풍경과 제철소의 야경은 어디에서도 느낄 수 없는 특별한 경험을 제공할 것이다."

바다가 가진 특별한 가치는 아무리 강조해도 지나치지 않다. 전국에서 가장 긴 해상보도교(463m)인 북구 여남동 '스카이워크'는 바닥이 투명한 특수유리로 제작됐다. 북구 청하면 이가리 닻전망대는 이름처럼 닻을 형상화했으며, 동해 풍광이 일품이다.

북구 흥해읍 용한리 '서퍼비치'도 호평을 받고 있다. 얕은 수심, 질 좋은 파도, 알맞은 바람을 갖춰 전국 3대 서핑 스팟으로 입소문을 탔다. 이밖에 지난해 여름에는 노후화된 영일대해수욕장 '빛의 시계탑'을 철거하고 LED 패널의 시계탑 조형물을 설치했다.

연오랑세오녀테마공원, 스페이스 워크 등은 포항시가 마이스산업 경쟁력 강화를 위해 추진하는 '유니크 베뉴'(Unique

영일대 장미정원 전경. 바다와 정원이 어우러진 도심 경관

Venue) 후보지들이기도 하다. 유니크 베뉴는 말 그대로 도시의 고유한 매력을 드러내는 공간이다. 현재 전국 52곳이 '코리아 유니크 베뉴'로 지정돼 있다.

도시 전역이 관광산업 플랫폼으로 탈바꿈하면 경제 선순환 구조에 엄청난 시너지 효과를 일으킨다. 해외 출장에서 터득한 지혜 가운데 하나는 자신만의 강점을 극대화해서 관광객을 유치해야 한다는 것이었다. 우리와 가까운 일본의 경우 이런 마케팅에 특히 강했다.

포항시는 2017년부터 '장미의 도시'로 변신 중이다. 꽃말이 사랑인 장미는 1995년 시민 공모를 통해 시화(市花)로 선정됐지만 거리에서 보기는 쉽지 않았다. 나는 장미가 시민들의 열정을 잘 표현하는 꽃이라 생각하고, 삭막한 철강도시를 아름다운 녹색도시로 바꿔 나갔다.

이후 주요 도로, 공원, 하천변 등에 장미를 대대적으로 심었다. 특히 사계절 장미가 피어나는 '영일대 장미원'은 장미와 바다를 함께 즐길 수 있는 전국 유일의 명소가 됐다. 지난해 11월에는 전국 최초로 '장미도시 조성 및 진흥에 관한 조례'를 제정하기도 했다.

호미반도 경관농업 단지 조성도 같은 맥락이다. 이곳에는 2018년부터 매년 유채꽃, 유색 보리, 메밀꽃, 해바라기 등 다양한 작물을 약 100ha(30만 평)에 심는다. 해안과 어우러진 독특한 지형 덕분에 사진 명소로 널리 알려지면서 지역 농업과 관광을 연계하는 중요한 역할을 하고 있다.

지난해 10월 문을 연 환호공원 식물원 또한 힐링 명소로 자리 잡았다. '해돋이도시 포항'을 상징하는 아치형 유리 온실은 200여 종의 열대식물과 미니 생태습지, 인공 폭포 등을 갖췄다. 환호공원은 지방정부가 민간 자본과 협력해 도시공원 일몰제 위기를 기회로 바꾼 사례이다.

지역의 관광산업 체질을 근본적으로 바꿀 기반은 준비됐다고 생각한다. 하지만 아직 가야 할 길은 멀다. 접근성 향상을 목표로 교통망을 보강하고, 관광산업 고부가가치화를 위해 콘텐츠·숙박시설 확충에 나서야 한다. 매력 넘치는 포항의 변신은 여전히 현재진행형이다.

| 3장 | 당신의 일상이 드라마가 되는 포항

지난해 11월 일본 10개 도도부현(都道府縣·광역자치단체) 대표들이 한국을 찾았다는 뉴스를 봤다. 목적은 각 지역의 소도시 관광 홍보였다. 그 며칠 뒤에는 일본정부관광국(JNTO)이 비교적 덜 알려진 여행지 60곳을 소개하는 행사를 서울에서 열었다.

일본 여행 붐을 타고 국내 항공·여행사들은 신상품 개발에 앞다퉈 나서고 있다. 심지어 인천공항의 일본행 정기 취항지가 도쿄 나리타공항 국내선보다 많다고 한다. 일본인들이 도쿄가 아니라 인천으로 와서 다른 국가로 환승하는 이유다.

일본 자치단체들이 관광객 유치에 매달리는 까닭은 간단하다. 한국과 마찬가지로 저출생과 고령화로 소멸 위기를 겪고 있기 때문이다. 일본 정부는 '2023년 관광백서'를 통해 관광산업 발전 없이는 지역사회의 지속이 어렵다는 분석을 내놓은 바 있다.

이런 노력과 엔저 상황이 맞물리면서 2024년 일본을 찾은 한국인은 역대 최다(887만 명)를 기록했다. 작년에도 신기록 행진은 이어졌을 것으로 추정된다. 한국인이 방일 관광객의 30%를 차지하면서 우리말만 듣다가 돌아온다는 우스갯소리까지 나온다.

이에 비하면 우리나라의 해외 관광객 유치 실적은 초라하다. 2024년 기준 1천633만 명으로, 일본(3천687만 명)의 절반에도 못 미쳤다. K-컬처가 세계적으로 위세를 떨치지만 '관광대국' 일본과 격차는 갈수록 벌어지고 있다.

그런데 알고 보면 일본이 한국을 앞선 건 그리 오래되지 않았다. 2010년 외국인 방문객은 한국이 879만 명, 일본이 861만 명이었는데, 우리가 1천만 명대에 머무는 동안 일본은 4배 이상 늘었다. 기적에 가까운 이웃 나라의 변화가 부럽기만 하다.

관광 정책에서 한국과 일본의 가장 큰 차이는 지방도시 마케팅이라고 본다. 우리는 K-컬처에 기대는 중앙집중형 정책 일색인 데 비해 일본은 대도시는 물론 소도시들의 매력을 알리는 데 진심이다. 서울에 의존하는 방식으로는 한계가 분명하다.

국내 관광산업 진흥을 위해선 결국 로컬리즘(localism) 구현이 중요하다. 이는 2034년 국내외 관광객 1천200만 명을 목표로 하는 포항시의 고민과 연결돼 있다. 더 자주 찾고, 더 오래 여행하고 싶은 포항을 만들려면 '포항다운' 관광상품을 내놓아야 한다.

앞서 언급한 복합 해양레저관광도시와는 관점이 다른 문제다. 놀이공원 같은 앵커시설 못지않게 지역의 고유한 매력을 알리고, 차별화된 경험을 제공하는 것이 중요하다. 포항시가 자연·산업·먹거리·역사와 문화예술을 활용한 콘텐츠 개발에 집중해 온 연유이다.

누구나 알다시피 포항은 항구도시다. 새해 첫날 열리는 '호미곶한민족해맞이축전'은 매년 수십만 명이 몰리는 가장 큰 이벤트다. 2026년 행사는 '상생의 빛, 함께 빛는 아름다움'을 슬로건으로, 해맞이를 사람과 시간, 공간이 함께 만들어가는 공동의 경험으로 풀어냈다.

포항은 세계적인 철강도시로도 유명하다. 도시의 정체성인 '불'과 '빛'에서 유래한 '국제불빛축제'는 발전을 거듭하면서 국내 3대 불꽃축제로 자리매김했다. 작년에는 폭우 탓에 열리지 못했으나 2024년에는 드론 1천 대로 꾸민 '불빛 드론쇼' 등에 힘입어 33만 명이 즐겼다.

철을 주제로 하는 '스틸아트 페스티벌' 역시 산업과 예술을 접목한 지역의 대표 축제로 인기가 높다. 14회를 맞은 지난해 행사에는 7만 5천 명이 방문해 철을 직접 만지고, 배우고, 해석하는 특별한 경험을 누렸다.

지난해 첫선을 보인 공공 야시장 '포송마차'와 '철길숲 야행'은 각각 10만 명, 8만 명이 찾아 야간관광, 상권 회복을 동시에 이끈 성공 사례로 주목받았다. 해병대 주둔지라는 특성을 살린 해병대문화축제 또한 매년 수만 명이 찾고 있다.

포항 국제불빛축제 전경. 도시의 일상이 하나의 장면이 되는 순간

　요즘에는 SNS가 여행지 선택에 막강한 영향력을 발휘한다.
포항의 경우 인기리에 방영된 드라마 촬영지들이 입소문을
타면서 여행객들의 발길을 이끌고 있다. 드라마는 도시 이미
지 향상에도 효과적이다.

　포항을 배경으로 한 드라마로는 '동백꽃 필 무렵'(2019년),
'갯마을 차차차'(2021년), '이 연애는 불가항력'(2023년),
'나의 완벽한 비서', '여행을 대신 해드립니다'(이상 2025년)
등이 있다. 나도 가족과 함께 재미있게 본 추억이 있다.

　실제로 '동백꽃 필 무렵'의 무대인 구룡포읍 일본인 가옥
거리에 가면 인증샷 찍는 사람들로 늘 붐빈다. '갯마을 차차

차' 의 배경인 청하면 공진시장 일대 역시 마찬가지다. 종영된 지 꽤 시간이 흘렀지만 K-드라마의 높은 인기 덕분에 동남아 관광객들 사이에 꾸준히 인기다.

드라마 제작 지원을 통해 숨겨진 관광지 홍보에도 힘을 쏟았다. '이 연애는 불가항력' 에선 철길숲과 영일대 장미원 등이 소개됐고, '나의 완벽한 비서' 에는 송도 송림테마거리와 이가리 닻전망대 등이 등장했다. 연오랑세오녀테마파크, 곤륜산 등에서도 촬영이 이뤄졌다.

이 같은 노력에 힘입어 포항을 찾은 관광객은 취임 첫해였던 2014년 290만 명에서 2024년 714만 명으로 급증했다. 지난해 한 여행업체의 '5월 황금연휴 국내 여행 트렌드' 조사에선 전년 대비 검색량 증가 1위를 차지했다. 추석 연휴에는 관광객이 전년 대비 23% 증가했다.

인구가 줄어드는 지역에서 관광객이 갖는 의미는 작지 않다. 저출생은 노동력 감소로 이어져 성장률을 떨어뜨리기도 하지만 근본적으로 소비 감소를 초래해 경제가 침체에 빠진다. 관광객 증가는 저성장과 지방소멸에 대응하는 최고의 해법 가운데 하나다.

| 4장 | 마지막 퍼즐 조각은 공항 활성화

　경북의 유일한 하늘길인 포항경주공항은 지난해 아시아태
평양경제협력체(APEC) 정상회의를 계기로 꽤 유명세를 치렀
다. 글로벌 기업 최고경영자들의 전용 공항으로 쓰이면서다.
평소에는 국내선만 운항하는 만큼 세관·검역시설 등도 임시
로 보강됐다.

　하지만 아쉬움도 컸다. 도널드 트럼프 미국 대통령, 시진핑
중국 국가주석 등 주요 국가 정상 대부분이 더 멀리 있는 김
해공항을 이용했기 때문이다. 정상회의장이었던 경주 화백컨
벤션센터에서 거리는 포항경주공항이 39km, 김해공항이
91km이다.

　이는 포항경주공항 활주로(2133m)가 짧은 탓이다. 각국 정
상들의 대형 전용기가 뜨고 내리기에는 적합하지 않다. APEC
을 앞두고 안전성 확보 및 향후 국제선 수용능력 강화를 위해
2900m까지 연장할 필요가 있다는 지적이 제기된 이유다.

　포항 동해면에 있는 공항 이름에 두 도시가 함께 표기된 건
미래를 내다본 투자였다. 1970년 개항 이래 줄곧 써오던 포항
공항이란 이름을 바꿔서 지역 상생 발전과 관광산업 활성화
를 노렸다. 미국 시애틀-타코마 공항, 독일 쾰른-본 공항 등도

비슷한 사례다.

명칭 변경 논의는 2016년 시작됐다. 하지만 전례가 없는 일이다 보니 예상보다 진척이 더뎠다. 결국 국토교통부 심의 등을 거쳐 2022년 7월 14일 새 이름을 얻었다. 지자체 이기주의를 버리고 광역 차원에서 협력할 때 어떤 시너지가 발생하는지 증명한 사례다.

하늘길이 활짝 열리는 것은 교통에 다양성을 더할 뿐 아니라 도시 브랜드 상승, 글로벌도시들과 연계성 강화에 필수적이다. 동해안권의 생존이 걸린 '하늘길 주권'을 되찾는 시금석이기도 하다. APEC 같은 대형 행사가 아니더라도 포항경주공항 활주로는 확장돼야 마땅하다.

특히 지방공항 활성화는 연간 관광수지 100억 달러 적자에 허덕이는 국내 관광산업 도약을 위한 선결과제다. 외국인 관광객들이 전국 방방곡곡을 찾아야 파이가 커지기 마련이다. 이들의 발길이 서울에만 머물러서는 지속 가능한 발전이 어렵다.

실제로 정부 통계를 보면 2024년 방한 외국인 관광객 73%가 인천과 김포공항으로 들어왔다. 외국인 관광객들의 소비가 수도권에 집중될 수밖에 없는 구조이다. 지방 공항 입국 비중은 15.1%에 그쳐 선박 이용객(11.1%)과도 큰 차이를 보이지 않았다.

텅 빈 지방 공항을 채우려면 정부 차원에서 외국 항공사 취항을 적극 유도해야 한다. 일본 항공사의 경우 한국 비수도권 공항 정기편이 전무하지만 국내 항공사는 30곳이 넘는 일본 도시에 다닌다.

이러한 불균형은 지방정부의 노력으로는 해결이 불가능하다. 외국 관광객이 우리 지방도시를 찾지 않는 것은 볼거리, 즐길거리가 없어서가 아니라 접근성의 문제다. 자국 국적기가 취항하면서 갑자기 대만 관광객이 늘어난 부산만 봐도 그렇다. 지난해 김해공항의 대만인 입국자는 일본, 중국에 앞서 1위였다.

이처럼 지방 공항은 단순한 교통 인프라가 아니라 지역을 세계와 연결하는 창구다. 수도권 중심 항공망은 지방의 관광 잠재력을 사장시킬뿐더러 기업 유치에도 불리하다. 정부와 자치단체, 항공사가 합심해 노선을 확대해야 진정한 관광대국이 될 수 있다.

새로 공항을 건설하자는 게 아니다. 막대한 재원을 들여 지었지만 방치되고 있는 지방공항을 제대로 활용해야 한다는 뜻이다. 2024년 전국 14개 지방공항 중 9개 공항이 적자였다. 이런 상황을 고치지 않으면 '2030년 방한 관광객 3천만 명'이란 정부 목표는 요원하기만 할 것이다.

포항경주공항으로 좁혀서 본다면 활주로 확장은 장기 과제로 추진하더라도 국내선을 더욱 늘리고, 단거리 부정기 국제선을 확충해야 한다. 2025년 동해선 철도에 이어 포항~영덕 고속도로가 개통하면서 접근성이 개선된 점은 고무적이다. 울릉공항 개항도 기대할 요소이다.

나아가 대구경북신공항이 경북의 허브 역할을 한다면 포항경주공항은 동해안권 물류·관광을 책임지는 거점이 돼야 한다. 인천공항과 김포공항이 역할을 분담하듯 말이다. '투-포트'(Two-Port) 전략의 완성이다.

하늘길은 곧 경제의 길이다. 항공 물류가 뒷받침되지 않는 첨단산업은 한계가 명확하다. 포항의 이차전지와 바이오, 구미의 반도체, 경주의 자동차부품산업이 세계로 뻗어 나가려면 하늘길이 더 넓게 열려야 한다.

물론 해결해야 할 과제가 적지 않다. 국내선 전용 공항이 국제선을 운항하려면 중앙정부 승인이 필요하다. 포항시와 경상북도는 국토부에 지침 개정을 지속해서 건의하고 있다. 정부의 과감한 후속 대책이 하루빨리 나오길 기대한다.

포항경주공항 신규 항공노선 관련 행사

뜨거운 열정은
강철도 녹인다

제5부

누구도 소외받지 않는
공동체, 아름다운
동행의 길을 걷다

헌신과 도전의 12년,
도시를 바꾼 이야기

누구도 소외받지 않는 공동체, 아름다운 동행의 길을 걷다

| 1장 | 아이의 웃음소리는 도시의 힘찬 박동

작년 설을 앞두고 지역의 한 가정을 방문했다. 화목한 모습이 참 보기 좋았다. 하지만 유쾌한 육아 경험담에는 현실적 고민도 묻어났다. 아이들이 포항의 미래를 밝힐 인재로 성장할 수 있도록 지원을 아끼지 않겠다고 위로했으나 마음이 가볍지는 않았다.

그나마 그 집은 아이의 웃음소리가 있어 다행이다. 안타깝게도 고고지성(呱呱之聲)은 점점 줄어들고 있다. 시장에 처음 취임했던 2014년만 하더라도 포항의 연간 신생아 출생은 4천 명이 넘었으나 지금은 그 절반을 약간 웃도는 수준에 그친다.

사실 우리가 직면한 여러 문제 중 가장 심각한 것이 바로 저출생이 아닐까 싶다. 지역만의 문제가 아니라 대한민국을 붕괴 위기로 몰고 갈 수 있는 중대 현안이다. 여성이 평생 낳을 것으로 예상되는 아이 수를 일컫는 합계출산율은 OECD 국가 중 유일하게 1을 밑돈다.

다행히 혼인 건수와 출생아 수는 최근 반등하고 있다. 2차 베이비붐 세대(1964~1974년생)의 자녀인 2차 에코붐 세대가 결혼 연령대에 진입한 영향으로 풀이된다. 2023년 0.72명까지 떨어졌던 합계출산율 역시 2025년 0.8명에 근접할 전망이다.

정부, 지방자치단체의 적극적인 결혼·출산 장려책이 효과를 거뒀다는 분석도 나온다. 포항에서는 2024년 경북 기초자치단체 가운데 가장 많은 2천243명이 태어나 전년 대비 131명(6.7%) 증가했다. 출생아 수가 늘어난 것은 2015년 이후 9

년 만의 경사이다.

그러나 안심할 때는 결코 아니다. 곧 부모가 될 연령대가 급감하기 때문이다. 올해 서른인 1996년생은 약 69만 명이지만 2001년생부터는 50만 명대로 확 줄어든다. 향후 5년이 인구위기 대응에 마지막 골든 타임이라는 경고가 이어지는 까닭이다.

어떻게 해서든 회복 추세를 이어가야 한다. 특히 저출생 현상에는 여러 요인이 복합적으로 작용하는 만큼 종합적 관점에서 대책을 마련할 필요가 있다. 저출생을 가장 중요한 어젠다로 두고 좋은 일자리 창출, 쾌적한 정주여건 조성 등을 패키지로 담아야 한다.

포항시는 '아이 키우기 좋은 도시'를 목표로 결혼 · 출산 · 양육에 이르는 생애주기별 지원사업을 펼쳐 왔다. 우선 결혼과 출산에 대한 사회적 인식 개선에 힘쓰고 있다. 신혼부부의 부담을 덜어주려고 첫 아이 100만 원부터 넷째 아이 1천130만 원까지 출산장려금을 지원한다.

2022년부터는 출산장려금과 별도로 첫 아이 200만 원, 둘째 아이 300만 원의 '첫만남이용권'을 제공하고 있다. 민간어린이집 무상보육, 유치원 및 초 · 중 · 고 무상급식, 신입생 교복 무상지원 등 '3무(無) 복지' 정책도 2019년부터 시행 중이다.

난임 부부 지원사업 역시 반응이 좋다. 의료비 지원은 물론 심리 상담, 한방 치료 등을 포함하는 종합 난임 관리시스템을 운영한다. 사각지대 없는 보육환경 조성을 위해 지역 중심 돌봄체계인 '다함께돌봄센터'를 7호점까지 늘렸다. 초등학생을 대상으로 평일 야간뿐 아니라 방학·주말에도 학습 지원, 예·체능 활동 등의 다양한 프로그램을 운영한다.

긴급돌봄서비스 역시 인기다. 2022년 경북 최초로 시작한 '24시간 365 어린이집'은 4곳으로 늘어났다. 2017년 도입한 '직장맘&아픈아이 SOS 서비스'는 바쁜 직장인이 전화하면 아이 돌보미가 출동해 부모 대신 아이를 병원에 데리고 가거나 잠시 돌봐준다.

예산을 지원해 전국 최초로 365일 24시간 운영하는 소아응급센터(포항성모병원)는 2017년부터 운영 중이다. 야간·휴일에도 소아 응급환자를 진료하는 '달빛어린이병원'은 북구와 남구에 1곳씩 지정돼 있다. 아이들이 언제든 치료받을 수 있도록 한 안전망이다.

여성의 경제활동 지원에도 적극 나서고 있다. 경력단절여성의 일·가정 양립을 위해 '엄마참손단' '아이행복도우미'라는 이름의 시간선택제 일자리사업을 2015년부터 시행해 왔다. 그동안 7천 명 넘게 참여해 보육·복지시설 등에서 돌봄·급식 보조 등의 일을 수행했다.

이밖에 '여성새로일하기센터'에선 경력단절여성의 원스톱

취·창업지원 서비스를 지원한다. 단기 일자리를 찾아주는 '포항형 일자리 편의점' '자투리시간거래소' 도 반응이 좋다. 여성 1인 가구, 미성년자녀를 둔 한부모가정에는 스마트도어벨 등 '안심ON 키트' 를 보급하고 있다.

포항시는 이런 노력에 힘입어 성평등가족부로부터 '여성친화도시' 에 3회 연속으로 지정됐다. 여성친화도시는 여성의 역량 강화, 돌봄 및 안전이 구현될 수 있도록 5년마다 심사를 통해 지정한다. 포항시는 여성들의 목소리를 반영하기 위해 '시민참여단' 도 운영하고 있다.

인구 감소의 책임을 오롯이 청년들에게 떠넘겨선 안 된다. 세계적으로 유례를 찾기 힘든 낮은 출생률은 축적된 한국 사회의 문제를 총체적으로 드러내는 거울이기 때문이다. 더 늦

기 전에 중앙정부와 지방자치단체, 공동체가 함께 고민하고 풀어나가야 한다.

"사회 구성원으로서 남녀는 동등하고, 일에 있어 성별과 능력은 상관이 없다. 그러나 여성의 사회 진출 확대에도 불구하고 출산과 양육 등 일·가정 양립은 여전히 여성의 몫으로 남겨지고 있다. 여성들이 일하는 데 장애를 없애 준다면 유리천장 뚫기가 쉽지 않을까? 아내도 일을 하기 때문에 일·가정 양립이라는 말이 온전히 다가왔다. 사실 밖의 일이 많다 보니 요리나 집안일을 배울 시간이 없었다. 가끔 라면 끓이고 과일 깎고 빨래 개는 것 외에 별로 집안일 하는 게 없다. 그래도 하루아침에 이루어지는 것은 없으니 집사람에게 한 가지씩 가르쳐 달라고 한다. 그래야 발전할 수 있지 않을까."

- 언론 인터뷰 중

| 2장 | 청년들이 꾸는 꿈이 외롭지 않기를

지난해 국가데이터처의 인구주택총조사 결과는 충격이었다. 통계 집계 이후 처음으로 20대 인구(630만 2천 명)가 70세 이상 노령층(654만 3천 명)보다 적어졌다. 30년 전 모든 연령대 중 가장 비중이 컸던 20대는 이제 성인 가운데 가장 소수의 그룹이 됐다.

이는 길게 설명할 것 없이 저출생 고령화의 여파이다. 우리 경제 전반에 걸쳐 점점 활력이 떨어질 것이라는 우려가 커질 수밖에 없다. 많은 중소도시들이 수도권 일극화, 인구 감소로 쇠퇴의 늪에 빠져들면서 지방소멸은 현실화했다는 평가도 나온다.

포항 인구 역시 2015년 11월 52만 5천278명으로 정점을 찍은 뒤 2025년 6월 49만 명 아래로 내려섰다. 이차전지 등 첨단산업이 발전하면서 청년고용률(15~29세)은 2020년 30.1%에서 2024년 42%로 높아졌지만 유출도 많았다. 최근 5년 새 약 6천 명이 감소했다.

지속 가능한 도시가 되려면 젊은 층이 유입돼야 한다. 매력적인 일자리와 쾌적한 주거환경, 개방적인 문화 토양이 뒷받침돼야 할 것이다. 청년 세대의 고민을 개인 문제로 남겨둘

게 아니라 공동체의 과제로 여기고 함께 해결 방안을 찾아야 한다.

청년이 떠나는 도시는 미래가 없다. 나는 그들의 주머니가 아니라 그들의 '내일'을 채워주고 싶었다. 취약계층 맞춤형 지원을 목표로 경북 최초로 '주거복지센터'를 설립한 포항시가 지난해 통합 주거복지 정책을 내놓은 배경이다.

1000원 주택은 아파트 위주인 민간 주택시장과 공공 임대주택의 한계를 극복하기 위해 마련했다. 19~45세 무주택 청년·신혼부부에게 하루 1000원, 월 3만 원의 임대료에 보금자리를 공급한다. 한국토지주택공사(LH) 임대주택을 포항시가 재임대해 운영한다.

지난해 100호 공급을 시작으로 향후 5년간 500호까지 확대할 방침이다. 최대 4년간 집 걱정을 하지 않아도 되니 반응은 폭발적이다. 지난해 9월 1차 신청 때 854명이 몰렸는데, 청년주택(80호)에는 820명이 신청해 경쟁률이 10.3 대 1에 이르렀다.

신청 첫날 직접 접수창구에서 지켜봤다. 특히 타지역에서 온 젊은 층이 적지 않아 눈길을 끌었다. 청년들의 주거 부담 완화를 넘어 인구 유입에 촉매가 될 것으로 기대한다. 2004년 '청년 징검다리주택'(24호) 입주자도 절반 이상이 다른 지역에서 온 전입자였다.

포항시는 1단계인 1000원 주택 500호를 포함해 2030년까지 생애주기별 공공 임대주택 3천500호를 공급할 계획이다. 2단계에는 신혼부부·다자녀·근로자 중심으로 1천800호, 3단계에는 다자녀·고령자 위주로 1천200호를 지원해 포항형 주거복지 모델을 완성한다.

빈 건축물을 활용한 상생 임차·임대는 도심 재생과 첨단산업 인력 양성을 아우른다. 오랜 기간 공실로 남은 주택, 건물 공간을 창업·상업·문화 거점으로 재구성해 청년 체류인구를 생활인구로 전환하려는 것이다. 임대인에게는 리모델링 비용을 지원한다.

지난해 12월 빈 건축물 정비사업 1호 'popen'이 북구 중앙상가에 문을 열었다. 청년들의 도전을 위한 공간이자 사람들이 다시 모여드는 열린 공간이다. 포스텍 '애플 아카데미' 수료생을 비롯한 청년 창업가들을 위한 다양한 프로그램이 운영될 예정이다.

나는 청년의 목소리를 정책에 반영하기 위해 많은 관심을 쏟았다. 진정한 청년친화도시는 청년들의 참여로 이뤄진다고 믿기 때문이다. 2024년부터 '청년정책학교'를 통해 청년 정책 활동가를 배출하고, '청년정책조정위원회'를 운영해 온 이유다.

실제로 정책 제안대회에선 청년정책 문자알림 서비스, 청

년 캠핑문화 활성화 등의 아이디어가 쏟아졌다. 이는 각각 '포랑새' '포(po)-캠퍼'라는 이름으로 실행에 옮겨졌다. 포항시는 지난해에만 예산 370억 원을 투입해 청년 역량 강화에 힘을 보탰다.

지난해 12월 포항시와 한국은행 포항본부가 마련한 세미나에선 참고할 만한 조사 결과가 소개돼 흥미롭게 들었다. 전국 청년층은 비수도권인 포항 근무에 대한 보상을 연봉의 17.4% 수준으로 요구하지만, 대구·경북 청년층은 유의미한 보상을 요구하지 않는다는 것이었다.

또 지방 거주 경험이 있는 청년층은 그렇지 않은 청년층에

비해 지방 근무에 대한 보상 요구가 약 11% 낮은 것으로 추정됐다. 지방 근무 기피의 상당 부분이 정보 비대칭, 경험 부재 탓이라는 것이다.

청년 유입 정책의 효과를 높이려면 청년들이 원하는 일자리 창출이 가장 우선이겠지만 지방에 대한 오해를 푸는 노력 또한 필요하다. 인식 개선을 위한 홍보와 중장기 인턴십 프로그램, 지역청년 고용 통합플랫폼 구축 등이 해결책이다.

"청년 여러분은 포항의 미래를 함께 만들어가는 동반자입니다. 도시 변화의 주체로서 여러분의 활력과 창의성, 혁신성은 도시가 정체되지 않고 앞으로 가게 하는 원동력입니다. 오늘과 같이 청년 여러분들과 계속 머리를 맞대고 실질적이고 현실적인 정책과 방안들을 마련해 간다면 점점 성과가 눈에 보이게 될 것이라 기대합니다.

청년 여러분들도 많은 정책 제안과 참여로 함께해 주십시오. 서울 등 수도권 청년들에게 '포항에서도 할 수 있다'는 걸 보여줍시다. 포항에서도 충분히 도전할 수 있고, 직장을 갖고, 안락한 주거를 마련하고, 문화생활을 누리며, 자신만의 미래를 꿈꿀 수 있다는 것을 보여줍시다. 포항은 도시와 청년 간의 윈윈을 이끌어 낼 가능성이 있는 도시라고 생각합니다."

- 2025년 제2회 청년의 날 기념사 중

지방자치단체들의 2026년도 예산안이 확정됐다. 규모의 차이는 있지만 공통점은 복지 지출 확대, 미래 대비 인프라 투자, 민생 안정 강화로 압축된다. 경기 침체와 고물가가 지속되는 환경에서 지역에 상관없이 '자구책'을 마련한 것으로 해석한다.

포항시 예산 역시 3조 원을 처음 돌파한 가운데 일반회계 예산 가운데 사회복지 분야(39.1%)가 가장 많은 비중을 차지한다. 저출생·고령화·돌봄 수요 확대 등 사회 변화에 따른 것이다. 취약계층 보호뿐 아니라 생애주기별 맞춤형 복지를 강화하는 흐름이다.

포항은 65세 이상 노인 인구 비율이 2023년 20%를 넘어 초고령사회에 진입했다. 지난해 1월 기준 22.56%로 집계됐으며, 2030년에는 31%까지 증가할 것으로 예상된다. 저출생에 따른 인구 감소와 고령화가 동시에 진행 중이다.

한국은 고령사회(노인 인구가 14% 이상) 진입 7년 만인 2024년 초고령사회에 도달했다. 세계에서 가장 먼저 초고령사회가 된 일본보다 빠른 속도다. 추세대로라면 2045년에는 65세 이상 인구가 전체의 37.3%에 이르러 일본마저 추월할 전망이다.

　재임 동안 촘촘한 복지망 구축을 위해 고민했다. 특히 포항의 오늘을 일구신 어르신들이 소외되지 않고, 포항에 살아서 행복하다는 자긍심을 느끼게 해드리는 것이 가장 큰 숙제 가운데 하나였다. 주민의 삶을 책임지고 챙기는 것은 지방정부의 가장 중요한 책무이다.

　어르신들께 필요한 것은 사회 일원으로서 당당히 활동할 수 있는 기회라고 생각한다.

　일자리 창출이 최고의 복지라는 말도 있다. 노인 일자리를 취임 첫해 1만 2천 개에서 2025년 1만 9천 개로 늘리는 한편 매년 '포항60+취업 한마당' 행사를 열고 있다.

어르신들을 위한 디지털 복지 서비스도 빼놓을 수 없다. 핵심 사업은 '스마트 경로당'으로 실버체조, 요가, 노래교실, 웃음치료 등 어르신 맞춤형 프로그램이 화상시스템을 통해 운영된다. 지난해 25곳이 서비스에 들어갔고, 올해 60곳으로 확대할 예정이다.

스마트 경로당에는 화재·가스 감지기능을 갖춘 사물인터넷 기반 안전시스템이 설치돼 사고 시 119에 자동 신고된다. 노인 일자리 형태로 매니저를 둬 어르신 참여 확대도 이끌 방침이다. 앞으로는 비대면 건강 관리 등으로 범위를 넓힐 계획이다.

독거노인들의 고독사 예방을 위해 인공지능(AI) 돌봄로봇 보급도 늘린다. 기존 200대에다 2026년까지 100대를 추가 도입해 총 300명에게 서비스를 제공할 방침이다. 새 모델은 양방향 대화와 위기감지기능이 강화돼 돌봄 효과가 높아질 것으로 예상한다.

AI와 로봇에 기반한 '에이지 테크'(Age-Tech)는 신산업으로 적극 육성할 필요가 있다. 돌봄 비용을 획기적으로 줄이고, 노동력 부족을 해결할 수 있기 때문이다. 포항시는 한국로봇융합연구원, 한동대 등과 손잡고 200억 원을 들여 '에이징 테크 융합플랫폼 조성사업'을 추진 중이다.

정부 보살핌이 가장 필요한 곳은 소외계층이다. 65세 이상 기초생활수급자, 기초연금 수급자 중 돌봄이 필요한 가구에는 주 1회 방문 및 주 2회 전화로 안부를 확인하고, 일상생활을 돕는 맞춤돌봄 서비스를 펼치고 있다. 대상자는 현재 약 7천 명이다.

아울러 포항 북구에 이어 남구에도 노인복지회관 건립을 추진 중이다. 새로운 복지관은 지역 간 복지 불균형 해소와 이용 편의 증진, 사회 참여 확대를 지원하는 중요한 기반시설이 될 것으로 기대한다. 2026년 중 주민 의견을 충분히 반영해 입지를 정할 방침이다.

국내 노인 인구 1천만 명 시대가 본격적으로 열리면서 포항시는 돌봄을 새로운 도시 경영의 화두로 판단하고 있다. 보건복지부 의료·돌봄 통합지원 시범사업에 2년 연속 선정돼 '포항형 통합돌봄 모델'을 구축 중이다. 이 제도는 올해 3월 전국으로 확대된다.

어르신이 익숙한 집에서 안전하게 지낼 수 있도록 여러 서비스를 운영한다. 의료기관 방문이 어려운 어르신을 위해선 재택의료센터, 방문 운동, 복약 지도 등 찾아가는 의료 서비스를 제공한다. 지역 종합병원들과 협력해 퇴원환자 맞춤형 돌봄도 지원한다.

또 안전손잡이 설치, 미끄럼 방지 시공 등 주거환경 개선으로 생활 안전을 높이고, '병원 안심동행 서비스'를 통해 거동

이 불편한 어르신의 의료기관 이용을 돕는다. 동행 인력은 진료 내용을 어르신에게 쉽게 설명해 줘 심리적 부담을 덜어 드린다.

포항시는 아울러 의료·보건·복지 분야 14개 기관이 참여하는 통합지원협의체를 출범시켜 돌봄 사각지대 해소와 실행력 강화를 모색하고 있다. '방문의료 지원센터' 운영을 통해 의료진이 각 가정을 찾아 진료·운동·상담을 제공할 계획이다.

거장으로 평가받는 코엔 형제가 만든 '노인을 위한 나라는 없다' 라는 영화가 있다. 여기에서 노인은 생물학적 나이를 의미하는 것이 아니다. 나이 든 사람을 위한 복지 국가는 없다는 메시지도 아니다.

하지만 재임 기간 다져 놓은 포항형 어르신 복지 플랫폼은 '노인을 위한 도시' 의 튼튼한 기반이 될 것이다. 모든 세대가 함께 어우러져 살아가는 행복한 도시, 어르신들이 존중받고 활기찬 노후를 보낼 수 있는 모범적인 고령친화도시가 머지않았다.

| 4장 | 경제의 허리가 펴져야 도시에 웃음이

영어 알파벳 K가 들어간 신조어들은 대부분 긍정적 의미로 쓰인다. K-팝부터 시작해 K-뷰티, K-푸드, K-방산 등 글로벌 히트상품이라면 분야를 가리지 않는다. 코로나19 팬데믹 당시에는 K-방역이라는 표현도 심심치 않게 회자했다.

그러나 부정적 뜻을 담은 예도 있다. 'K형 경제'(K-shaped economy)라는 용어가 대표적이다. K의 모양처럼 코로나19 팬데믹이 끝난 뒤 고소득층의 살림살이는 가파르게 회복한 반면 저소득층은 오히려 어려움이 가중된 현상을 일컫는다.

원래 K형 경제에서 K는 'KOREA'의 K가 아니었지만 '한국산'이란 뉘앙스로 번질까 봐 걱정이다. 우리나라 중산층의 자산과 소득 증가세가 유독 주춤하고 있기 때문이다. 양극화의 골이 깊은 가운데 '경제 허리층'마저 흔들리는 것이다.

정부 통계에 따르면 전체 가구를 소득 기준으로 5등분했을 때 중간인 3분위 가구(상위 40~60%)의 2024년 평균 소득은 5천805만 원이었다. 전년 대비 1.8% 늘어나 관련 통계 작성 이후 최저 증가율을 기록했다. 소비자물가 상승률 2.3%에도 못 미쳤다.

특히 전체 분위 가운데 3분위 소득 증가율이 가장 낮은 것은 좋지 않은 신호다. 5분위(최상위 20%)는 4.4%, 1분위(최하위 20%)는 3.1% 늘었다. 최하위층의 소득 증가는 정부의 집중적인 복지 지원에 영향을 받은 것으로 풀이된다.

사회의 균형추 역할을 하는 중산층이 무너지면 계층 갈등이 심화할 수 있다. 중산층이 두텁지 않으면 소비 위축으로 경제 침체가 불가피하다. 일각에서는 소득구간별로 상승, 정체, 하락이 이어지는 '삼극화'(三極化)가 시작됐다고도 지적한다.

바람직한 해법은 중산층이 많이 일하는 중견·중소기업과 서비스업의 생산성을 높여 근로·사업소득을 증가시키는 것이다. 재임 동안 이차전지·수소·바이오·인공지능(AI)·마이스(MICE) 산업 등 산업구조 다변화를 통해 양질의 일자리를 확대하려 애쓴 이유다.

하지만 중산층의 급격한 추락을 방지하려면 시간이 필요한 중장기 대책과 함께 긴급처방도 있어야 한다. 포항 역시 중국산 저가 제품 범람에다 미국의 고율 관세 부과로 허덕이는 철강·이차전지산업의 부진 여파로 소상공인들이 힘든 시기를 보내고 있다.

포항시는 자금 조달에 어려움을 겪는 소상공인들을 위해 지난해부터 전국 최초로 금융기관과 함께 '희망동행 특례보증' 재원을 조성해 왔다. 2025년 7월 기준 2천100억 원을 돌파했다. 보증금액과 참여 금융기관 규모(11곳)에서 전국 최대 규모다.

특례보증이란 지자체 등이 신용보증재단에 자금을 출자한 뒤 해당 재원을 활용해 소상공인, 중소기업이 더 많은 대출을 받게 하는 제도다. 포항에 사업장을 둔 소상공인은 최대 1억 원까지 낮은 이자로 대출받을 수 있다. 이 사업으로 모두 6천 600여 명이 혜택을 받았다.

2017년 시작한 지역화폐 '포항사랑상품권'은 호평 속에 누적 발행액이 2조 원이 훨씬 넘어 소비 진작 효과를 톡톡히 거두고 있다. 특히 수시 할인판매를 통해 실질 구매력을 높였다. 그동안 생산유발액이 3천억 원 상당, 취업유발인원이 2천 명 이상으로 분석된다.

포항시는 또 '골목형 상점가 지정에 관한 조례'를 제정해 지난해 11월 도심 상가 4곳을 골목형 상점가로 처음 지정했다. 이들 상권은 전통시장과 비슷하게 온누리상품권 가맹, 각종 공모사업 연계, 시설 개선 등 다양한 지원을 받는다.

포스코의 도심 기숙사(800실) 신축 또한 상권 활성화와 연계해 추진했다. 포스코는 기존 생활관 재건축을 검토했으나 지역사회와 동반 성장하겠다는 뜻으로 이전을 확정했다. 2029년 말 완공되면 남구의 도시 재생과 지역 경제 활성화에 기여할 것으로 기대한다.

아울러 포항시는 정부 '1단계 상병(傷病)수당 시범사업' 에 선정돼 2022년부터 2025년까지 전국 처음으로 시행했다. 근로자가 업무와 관계없는 질병·부상으로 경제활동이 불가능한 경우 소득 손실을 보전해 줬다. 특히 보건소가 함께 참여해 접근성 향상에 도움이 됐다.

무엇보다 포항시는 지난해 ▶중소기업 특별지원지역 2년 연장(1월) ▶산업위기 선제대응지역 지정(8월) ▶고용위기 선제대응지역 지정(11월) 등 굵직한 지원 기반을 확보했다. 뒤늦은 감이 없지 않지만, 기업의 경영 안정과 근로자의 고용 불안 해소에 도움이 되리라 예상한다.

중기특별지원지역은 2023년 태풍 힌남노 피해로 지정된 바 있다. 철강산업 위기가 이어지면서 이번에 재지정됐다. 2024년 정부 현장 실사 당시 직접 포항의 힘든 상황을 호소한 기억이 생생하다. 이로써 해당 지역 기업들은 긴급경영안정자금 등 지원을 받게 됐다.

포항시는 지난해 산업위기 선제대응지역 지정 이후 금융기관을 통한 대출 지원 등에 나섰다. 철강산업 경쟁력 강화를 위해 정부에 모두 5천734억 원 규모의 예산을 요청했다. 그러나 2026년 예산안에는 이차보전금 지원 등 일부만 반영돼 아쉬움이 크다.

최근 방송된 드라마 '서울 자가에 대기업 다니는 김 부장

이야기' 는 많은 화제를 모았다. 하지만 지역의 중소기업 직원들은 그런 김 부장을 부러워하는 게 현실이다. 지방정부의 노력에는 한계가 있는 만큼 중앙정부가 지방 중산층 재건을 국정 과제로 삼아 실효성 있는 대책을 신속히 마련할 것을 촉구한다.

"민생 경제는 돈이 돌아야 살아난다. 우리 지역에 돈이 돌게 해 지역 경제에 활력을 불어넣기 위해 전국 최대 규모로 포항사랑상품권을 발행하는 계획을 세웠다. 제조업과 도·소매업은 물론 운수업과 음식·숙박업, 학원 등 거의 모든 업종에서 사용할 수 있다. 지역상품권을 사용할 수 있는 장소가 많고, 구매할 수 있는 상품과 서비스의 질이 나쁘지 않다면 자연스럽게 지역 내 소비와 유통, 생산 증가로 이어질 수 있다고 본다. 지역의 돈이 외부로 나가지 않으면서, 지역 안에서 빠르게 회전되면 이는 지역의 고용 창출과 산업 발전으로 이어진다. 지자체 발행 상품권이 경기 침체기 지역 경제에 활력을 불어넣는 지역화폐로 자리 잡도록 정부와 지자체, 민간의 적극적인 노력도 병행돼야 할 것이다. 무엇보다 시민들의 참여가 절실하다."

- 언론 인터뷰 중

뜨거운 열정은
강철도 녹인다

제6부

창의적 융합으로
가치를 만들어
문화도시의 품격을 입히다

헌신과 도전의 12년,
도시를 바꾼 이야기

제6부

창의적 융합으로 가치를 만들어
문화도시의 품격을 입히다

| 1장 | 차가운 강철에 더한 문화의 숨결

'빌바오 효과' 라는 말이 있다. 상징적 문화시설이 도시 이미지를 긍정적으로 변화시키는 현상을 뜻한다. 스페인 빌바오시는 별다른 볼거리 없던 철강도시였지만 구겐하임 미술관 덕분에 쇠락하던 회색빛 공업도시에서 세계적 문화관광도시로 거듭났다.

이처럼 도시를 평가하는 지표에서 문화 인프라를 빼놓을 수 없다. 효율성만 강조됐던 산업화 시대와 달리 이제는 시민들이 쾌적하고 여유로운 삶을 누릴 수 있느냐가 도시 경영의 핵심이다. 특히 2017년 지진, 2022년 태풍 힌남노 수해를 입은 포항에서 그 의미는 남다르다.

재임 동안 시민 삶과 밀착된 문화 저변 확대를 통해 도시의 품격을 높이려 했다. 2017년 포항문화재단 출범과 2019년 전국 첫 '법정 문화도시' 지정이 그 원동력이 됐다. 지역 자긍심의 상징인 시립박물관은 2028년 남구에, 시립미술관 제2관은 2027년 북구에 완공된다.

문화재단 설립은 민선 6기 공약 중 핵심 과제였다. 산업 도시에서 문화예술도시, 해양관광도시로 나아가려면 전문가 중심의 컨트롤타워가 필요하다고 봤다. 2017년 2월 문화재단 첫 전시회의 이름도 '전진'이라는 의미의 스페인어 '아델란테'(Adelante)였다.

포항시 출자출연기관인 문화재단이 출범하면서 흩어져 있던 도시의 문화행정 역량이 한 곳으로 집중됐다. 체계적인 연구를 통한 전문성 확보는 물론 지속성 있는 사업 추진이 가능해졌다. 지역 문화예술 발전에 거는 시민들의 기대는 덩달아 높아졌다.

문화재단은 철(鐵)과 빛으로 대표되는 지역의 정체성을 담은 축제들을 주관한다. '국제불빛축제', '스틸아트 페스티벌', '호미곶 해맞이 한민족축전', '일월(日月) 문화제', '장기 유배(流配) 문화제' 등이다. 포항을 넘어 온 국민이 즐기는 축제가 되도록 정성을 다했다.

작지만 소중한 문화 거점들은 도시의 삶을 풍요롭게 하고 있다. 2022년 문을 연 '문화예술팩토리'는 옛 중앙초등학교 자리에 들어선 문화 향유 · 창조 플랫폼이다. '스페이스 298'

은 북구 중앙동 '꿈틀로'에 있는 문화예술 복합공간으로서 2021년 탄생했다.

최근에는 포항 어업의 상징인 옛 수협 냉동창고가 '동빈문화창고 1969'로 변신했다. 20세기 산업 유산이 미래 문화유산으로 변신한 성공 사례이다. '중앙아트홀'은 독립·예술영화 전용관으로서, 문화 다양성을 확보하려는 노력을 이어가고 있다.

문화예술창작지구 '꿈틀로'는 도심재생 우수사례로 평가받는다. 과거 경제·문화 중심지였으나 활력을 잃어버렸던 북구 중앙동 일대는 미국 뉴욕 소호와 같은 예술가 거리로 변신했다. 현재 회화·공예·도예·음악·조소 등 다양한 분야의 인재 30여 명이 둥지를 틀고 있다.

이런 인프라들은 시민들이 스스로 문화 창조의 주인공으로 거듭나는 토양이 됐다. 전문가들의 지도로 문화동아리 지원, 생활문화 활동가 양성, 시민 연극단 사업 등을 진행했다. 거리예술 활성화를 위해 2018년부터 '포항 거리예술축제'를 열기도 했다.

아동과 청소년이 자존감과 공동체적 인성을 갖춘 건강한 시민으로 성장할 수 있도록 돕는 '꿈의 오케스트라 포항,' '꿈의 무용단' 역시 호평을 받았다. 아이들이 예술을 통해 행복한 미래를 꿈꿀 수 있다면 세계일류도시 도약이라는 바람은 반드시 이뤄질 것이다.

 정부의 법정 문화도시 사업(2019년~2024년)은 산업도시라는 편견을 깨고 문화도시라는 새로운 날개를 달게 한 계기였다. '시민들의 행복한 삶을 응원한 철학(鐵學) 문화도시'를 내세워 10개 후보지 중 1위로 선정된 데 이어 2020년 최우수, 2021년 우수등급을 받았다.

포항시는 지역 스스로 문화 창의성을 높여 나간다는 목표를 세우고 프로젝트들을 추진했다. 겉으로 드러나는 성과보다는 산업화 과정에서 놓쳤던 문화민주주의 실현에 집중했다. 시민의 문화적 성장을 돕는 일이야말로 지속가능한 도시의 원천이다.

대표적인 사례는 시민 스스로 문화적 삶을 가꾸고 표현하는 '삼세판'(삼삼오오 모여 세상을 바꾸는 문화판) 사업이다. 문화 공유를 통한 건강한 지역사회를 지향한다. 거창한 창작 활동이 아니더라도 소소한 놀이를 즐기거나 차를 마시며 몸과 마음의 위안을 얻으면 충분하다.

삼세판은 동네에 활력을 불어넣으며 시민들의 결속력을 높였다. 경로당, 빈 점포 등 모두 55개 공간에서 진행된 연간 800개 이상 프로그램에 시민 1만 명이 참여했다. 2023년 한국매니페스토실천본부로부터 지역문화 활성화 부문 최우수상을 받은 이유다.

'포항형 문화안전망' 사업은 지역의 문제 해결에 초점이 맞춰졌다. 지진, 코로나19로 힘든 시기를 보낸 시민들의 일상 복귀를 돕는 프로젝트였다. 매년 선발된 문화재생 활동가들은 교육 이후 캠페인, 퍼포먼스 등 다양한 방식으로 재난 극복에 힘을 보탰다.

포항은 미래형 문화도시, '아트&테크 융합도시'라고도 할 수 있다. 철강·이차전지·바이오·수소 등 기술산업 기반 위에 예술이 꽃을 피우고 있기 때문이다. 동해안의 랜드마크로 유명세를 떨치고 있는 '스페이스 워크'가 그 단적인 예일 것이다.

예술과 기술이 만나 문화의 수준을 한 단계 끌어올리면 도시의 강력한 경쟁력이 된다. 이탈리아 피렌체가 르네상스의 중심이 된 것도 막강한 부가 축적된 덕분이다. 포항의 풀뿌리 예술인들이 지방정부와 기업, 시민들의 후원 속에 세계로 나아가 마음껏 기량을 펼치길 소망한다.

| 2장 | 포항의 기상과 품격, 시립박물관

연오랑 세오녀(延烏郎 細烏女) 설화는 삼국유사에 실린 포항의 대표적 문화유산이다. 동해 바닷가에 살던 부부가 바위를 타고 일본으로 떠난 뒤 해와 달이 빛을 잃었으나 비단을 받아와 제사를 지내니 다시 빛났다는 내용이다. 이는 신라인들의 일본 이주로 해석되기도 한다.

포항시는 이 설화의 가치와 의미를 널리 알리기 위해 '연오랑세오녀테마공원'(동해면 임곡리)을 2016년부터 운영 중이다. 2019년에는 전시관인 '귀비고'(貴妃庫)도 문을 열었다. 귀비고는 일본 왕비가 된 세오녀가 손수 짜서 전해 준 비단을 보관했던 왕실 창고였다.

연오랑세오녀테마공원은 2028년 11월 포항의 정체성을 담은 핵심 문화인프라로 거듭난다. 지역의 숙원이던 시립박물관이 이곳에 들어선다. 전체 사업비 460억 원을 들여 부지 면적 1만 5천142㎡(약 4천580평)에 지하 1층 지상 3층 규모로 조성한다.

시립박물관 건립은 2025년 4월 행정안전부 중앙투자심사를 통과하며 급물살을 탔다. 중앙투자심사는 지방 재정의 효율적 운영과 중복 투자 방지를 위해 예산 편성 전에 사업 필요성, 타당성을 심사하는 제도이다. 앞서 2023년에는 문화체육관광부의 설립 타당성 사전평가를 통과했다.

박물관은 지역 정체성 확립은 물론 관광산업의 미래 가치를 창출할 문화 거점이다. 포항시는 올해 국제 공모를 통해 지역의 자연과 역사를 반영한 창의적 설계안을 선정할 계획이다. 목표는 시민과 관광객이 일상에서 향유할 수 있는 스마트 복합문화공간이다.

박물관 입지가 결정된 것은 2023년이었다. 최광식 박물관 건립추진자문위원장(전 문체부 장관)은 당시 연오랑세오녀 테마공원이 인근 구룡포 지역의 국가해양정원 조성, 국립어업박물관 유치 등과 함께 문화 자원 집적효과를 가져올 수 있다고 평가했다.

그러나 선사시대에서 현대에 이르기까지 포항의 역사와 정신, 유물을 품을 박물관 건립은 순탄하지 않았다. 2015년에는 연오랑 세오녀와 같은 진취적 해양 문화를 소개하는 국립환동해문명사박물관을 추진했으나 무산됐다. 이웃 경주에 국립박물관이 있다는 점도 발목을 잡았다.

또 2013년 흥해읍 중성리 신라비의 국보 승격 예고를 계기로 신광면 냉수리 신라비, 흥해읍 칠포리 암각화 등을 아우르는 '금석문 국보관'을 추진했으나 타당성조사에서 부적정 판단을 받았다. 영일민속박물관에 중성리 신라비를 전시하려던 계획 역시 문화재청이 시설 노후를 이유로 불허했다.

국보이자 유네스코 세계기록유산 등재를 추진 중인 이 비석들은 박물관 건립의 당위성을 상징한다. 냉수리 신라비는 1989년, 중성리 신라비는 2009년 발견됐으며 모두 지증왕 때 설치됐다. 비문의 보존 상태가 좋아 신라 정치·경제 상황을 이해하는 중요한 자료로 평가된다.

하지만 중성리 신라비는 포항이 아니라 국립경주문화재연구소에 있다. 신광면행정복지센터 마당에 있는 냉수리 신라비나 칠포리 암각화는 수시로 훼손 논란에 휩싸인다. 신광면에서 출토된 보물 '청동 진솔선예백장'(중국 진나라 시대 관인)은 국립중앙박물관이 소장 중이다.

천연기념물 '신광면 금광리 신생대 나무화석'은 대전 국립 문화재연구원, 악기로서는 유일하게 국가문화재로 지정된 '탁영 김일손 거문고'는 국립대구박물관에 있다. 포항에서 출토됐지만 타지역에서 보관 중인 문화재는 전체의 약 90% 로 집계된다.

이처럼 다양한 포항의 유물을 한데 모아 전시할 공간이 포항시립박물관이다. 경북 제1의 도시에 제대로 된 박물관이 지금껏 없다는 것은 참으로 안타까운 일이다. 포항보다 규모가 작은 도시들에도 박물관이 있는 점을 고려하면 서글프기까지 하다.

시립박물관 조감도

최근 이슈로 떠오른 북방항로의 출발점이자 거점임을 부각하기 위해서도 도전적인 포항 사람들의 기상을 드러낼 박물관이 절실하다. 단순한 유물 전시공간을 넘어 미래 세대를 위한 교육시설이자 문화시설이라는 인식을 갖고 지방정부, 전문가, 시민이 머리를 맞대고 콘텐츠를 논의해야 한다.

포항시는 2024년 조사용역을 통해 외부로 반출된 유물 3만 2천여 점을 파악했다. 이 조사는 박물관의 전시·구성과 지역사 연구에 초석이 될 것이다. 박물관 건립의 첫걸음인 유물 수집에 시민들의 적극적인 참여를 당부드린다.

포항은 이제 철강도시에서 첨단산업과 문화가 공존하는 도시로 날아오르려 하고 있다. 그 출발은 자신의 뿌리를 바로 아는 것이다. '역사를 잊은 민족에게 미래는 없다'는 말은 박물관이 지닌 교육적 문화적 의미를 상징적으로 보여준다.

박물관을 뜻하는 영어 단어 '뮤지엄(museum)'의 어원은 그리스어 '무세이온'(mouseion)이다. 그리스 신화에서 예술과 역사, 문학을 관장하는 9명의 여신 무사이(Mousai)에게 바쳐진 신전을 가리킨다. 그들의 어머니 므네모시네는 기억을 관장한 신이었다.

한마디로 박물관은 새로운 영감(靈感)과 감동을 받는 장소라고 할 수 있다. 지역의 고유한 역사와 문화 정체성을 담은 포항시립박물관이 '유물 수장고' 이상의 의미가 있는 이유다. 지난 반세기 대한민국 산업 발전을 견인한 포항의 미래가 시작되는 출발점이다.

"저는 산업도시 포항이 근본 없는 도시라는 말을 들을 때마다 가슴이 아픕니다. 그런데 사실 포항은 암각화, 고인돌 등 선사시대 유물이 전국에서 가장 많이 산재해 있습니다. 선사시대에는 해안을 따라 문명이 발달했기 때문에 포항도 이러한 문화 유적이 많이 남아 있습니다. 이들을 잘 활용하면 경주 못지않은 역사문화도시로 거듭날 것이 분명합니다. 뿌리가 튼튼하지 않으면 나무가 제대로 자랄 수 없듯이 도시도 근본이 제대로 정립되지 않으면 항구적인 발전을 담보할 수 없습니다."

- 언론 인터뷰 중

| 3장 | 시민 건강은 지방정부의 책임이다

2026년은 제9회 지방선거의 해이기도 하지만 스포츠의 해이기도 하다. 굵직한 국제 대회가 쉴 틈 없이 이어진다. 대한민국 최초의 축구 전용 구장 '포항스틸야드'와 경북 유일의 프로야구 구장인 '포항야구장'에도 예년보다 많은 인파가 몰릴 것으로 예상한다.

잠시 일정을 살펴보면 겨울 끝자락인 2월 제25회 이탈리아 밀라노·코르티나담페초 동계올림픽이 스타트를 끊는다. 3월에는 미국·일본·푸에르토리코에서 야구 월드베이스볼클래식(WBC), 6월에는 미국·캐나다·멕시코에서 축구 FIFA 월드컵이 잇달아 열린다.

마지막으로 9월에는 일본 아이치·나고야 하계아시안게임 일정이 잡혀 있다. 하계올림픽과 동계아시안게임을 제외하면 빅 이벤트가 한꺼번에 열리는 만큼 지구촌이 떠들썩할 전망이다. 스포츠팬이자 국민의 한 사람으로서 대한민국 선수들의 선전을 기원한다.

사람들이 스포츠를 좋아하는 이유를 딱 꼬집어 얘기할 수는 없다. 어떤 이는 '각본 없는 드라마'라서, 누군가는 신기(神技)에 가까운 선수들의 실력에 매료돼서 열광할 것이다.

애국심이나 도파민(dopamine) 때문에 TV 앞에 앉는다는 이도 물론 있겠다.

스포츠를 향한 열정은 궁극적으로 건강과 직결돼 있다. 고대 그리스 철학자 탈레스가 설파한 '건강한 신체에 건강한 정신이 깃든다' 라는 경구(警句) 그대로이다. 신발끈만 고쳐 매면 언제든 신체를 단련할 수 있게 인프라를 갖추는 것은 지방정부의 책무이다.

재임 동안 '시민 모두가 함께 즐기며 건강을 나누는 도시'를 목표로 생활체육 환경 조성에 힘썼다. 지난해 서울대 건강문화사업단의 '전국 건강지수 조사' 에선 포항 북구가 경북에서 유일하게 상위 30위권에 오르기도 했다. 조사에는 정량 지표들과 설문조사가 반영됐다.

운영 성과도 뛰어나다. 장량국민체육센터는 지난해 전국 248개 국민체육센터를 대상으로 한 문화체육관광부 · 국민체육진흥공단 공모에서 최우수상을 받았다. 2016년에는 포항시설관리공단 시민볼링장이 같은 공모에서 최우수상을 받은 바 있다.

세계보건기구(WHO)는 '건강도시'를 시민 건강과 삶의 질 향상을 위해 지속해서 노력하는 도시라고 정의한다. 지속 가능한 도시를 향한 다양한 프로젝트를 추진해 온 포항시의 행보와 상통한다. 주거지 인근에 조성한 녹지 공간과 체육시설은 그 기반이다.

포항시는 시민들의 생활체육 참여 기회 확대를 위해 14개 종목의 생활체육교실을 운영 중이다. 저소득층 유소년과 장애인에게는 스포츠 강좌 이용권, 어르신에게는 체육시설 이용권을 지원한다. 경제적 부담 없이 운동을 즐기게 한다는 취지다.

생활권 체육시설 확충에도 앞장섰다. 해도동·죽도동·두호동에는 소규모 체육관이 2026년부터 2028년 사이 잇달아 준공된다. 2023년에는 경북 도내 첫 장애인형 국민체육센터가 여남동에 문을 열었다. 2025년에는 연일읍 생활체육인 전용 체육파크가 착공했다.

인구가 6만 명에 육박하는 오천읍에는 '다원복합센터'가 개관했다. 명칭은 시민 공모를 통해 결정됐는데, '모두 다 원하는'이라는 의미를 담고 있다. 국비 포함 498억 원을 투자한 이곳에선 전국대학수영선수권대회가 치러져 국제대회 수준의 시설로 평가받았다.

특히 다원복합센터는 학습·동아리·진로 활동을 지원하는 '청소년문화의 집', 초등학생 돌봄 사각지대 해소를 위한 '다함께돌봄센터', 학교 밖 청소년 지원을 제공하는 '청소년상담복지센터 남구분소'를 함께 갖추고 있다. 이들 시설이 공동체 활성화에 이바지할 것으로 기대한다.

중장년층 사이에 인기가 높은 파크골프장 확충에도 박차를 가하고 있다. 2027년까지 6곳 171홀을 추가로 조성해 경북에서 가장 큰 총 10곳 279홀 규모로 늘린다. 초고령화 시대 시민들의 여가 활용과 복지 향상을 위한 투자인 셈이다.

아울러 2026년 7월에는 시민들이 지속해서 건강 관리 서비스를 받을 수 있는 '건강생활지원센터'(북구 장성동)가 문을

다원복합센터 개관식 현장
시민들이 직접 체감하는 생활체육·문화·복지 공간으로 자리 잡고 있다.

연다. 인공지능(AI) 기반 스마트장비를 도입하고, 개인 맞춤형 프로그램을 운영한다. 시민들의 만성질환을 줄이고 의료비 부담을 낮추길 바란다.

포항시는 스포츠를 지역 경제의 성장축으로 육성하기 위해 전국 규모 스포츠대회 유치에도 적극적으로 나서고 있다. 대통령배 전국고교야구대회는 2026년까지 3년 연속 유치했다. 2026년 10월에는 1천여 명의 선수단이 참가하는 전국시각장애인체육대제전이 열린다.

이밖에 각종 종목의 전지훈련을 유치해 스포츠산업도시의 입지를 넓혀 가고 있다. 내륙보다 여름에는 시원하고, 겨울에는 따뜻한 기후에다 행정 지원을 아끼지 않은 덕분이다. 사격의 경우 2019년부터 청소년대표팀, 국가대표 후보 선수들이 포항을 꾸준히 찾고 있다.

건강은 개인의 책임인 동시에 지방정부의 책임이라고 생각한다. 시민의 건강 유지를 위한 탄탄한 스포츠 인프라는 도시 브랜드를 높이고 기업을 유치하는 데에도 중요하다. 산업이 안정되고 의료와 체육시설이 잘 갖춰진 지역일수록 주민의 건강 수준이 높은 것은 당연한 이치이다.

| 4장 | 포항을 세계로, 세계를 포항으로!

　도로 · 철도 · 공항 · 항만 등 교통인프라는 이동수단을 넘어 글로벌 공급망을 떠받치는 전략자산으로 재평가되고 있다. 이재명 정부의 국토 발전 계획인 '5극 3특'(五極三特)도 교통망 보강이 필요충분조건이다. 생활권이 연결되고 확산돼야 균형성장이 가능하다.

　'5극'은 대경권(대구 · 경북)을 비롯해 수도권, 동남권(부산 · 울산 · 경남), 중부권(대전 · 충청), 호남권(광주 · 전남)이다. '3특'은 제주 · 강원 · 전북특별자치도를 가리킨다. 초광역권 내 60분 교통체계 구축 등을 통해 사람과 사람, 지역과 지역을 연결하는 것이 핵심 전략이다.

　포항은 국내 최고 수준의 대학 · 연구기관을 갖춘 도시이자 철강 · 수소 · 바이오 · 인공지능 등 다양한 분야에 대기업 · 중소기업이 공존하는 도시이다. 마이스산업 · 해양레저관광도시로 발전할 가능성도 크다. 교통인프라 개선이 이뤄진다면 5극 3특 시대의 성공 모델이 될 수 있다.

　변화하는 환경에 능동적으로 대응하기 위해 포항시는 10여 년 전부터 광역교통망 확충에 힘써 왔다. 우선 고속도로의 경우 2016년 포항~울산 고속도로에 이어 포항~영덕 고속도로가 2025년 11월 개통됐다. 착공 9년 만의 일로, 이동시간은 기존 국도 7호선 대비 23분 단축됐다.

새 고속도로는 동해안 광역경제권 발전에 전환점이 될 전망이다. 향후 영덕~삼척 구간까지 건설되면 포항~울진~삼척을 잇는 수소에너지 벨트가 완성된다. 국토교통부가 수립하는 '제3차 고속도로 건설계획'에 반드시 반영돼야 할 것이다.

동해안 시대를 여는 또 하나의 핵심축은 동해선 고속철(부산~강릉)이다. 지난해 12월 30일부터 KTX-이음(시속 260km)이 하루 6회 운행하고 있다. 동해안을 남북으로 잇는 고속철도로 포항은 부산·울산, 강원 동해안 도시들과 일일생활권이 됐다.

포항-영덕 고속도로 전경
광역 교통망 확충은 포항의 산업 생활권을 동해안 전역으로 확장시키고 있다.

포항을 경유하는 동해선 전 구간의 평균 소요시간은 약 3시간 54분이다. 기존 ITX-마음 운행시간과 비교하면 1시간 10분가량 단축됐다. 관광 수요는 물론 지역의 첨단산업과 연계된 비즈니스 수요도 늘어나 경제 발전에 큰 힘이 될 것으로 기대한다.

포항은 앞서 2015년 KTX 시대를 맞았다. 서울까지 2시간대에 연결되면서 주민들의 이동편의성이 비약적으로 향상됐다. 이어 2023년에는 SRT가 운영에 들어가 서울 강남권 접근성이 높아졌고, 지난해 연말에는 동해선 모든 구간이 완공됐다.

최근에는 대구경북광역철도 연장도 논의되기 시작했다. 지방 최초의 광역철도인 대경선은 현재 구미~대구~경산 구간을 운행하는데 서쪽으로는 김천, 동쪽으로는 포항까지 연장하자는 것이다. 대경선이 빠르게 인근 도시 간 핵심 교통축으로 자리 잡은 영향이다.

교통인프라는 지역을 살리는 동맥이자 균형 발전을 담보할 장치라고 할 수 있다. 그런 면에서 대구경북신공항과 연결되는 광역교통망은 포항의 미래와 직결돼 있다. 지역 첨단산업 기업들의 글로벌 경쟁력을 높이려면 반드시 공항경제권에 편입돼야 한다.

포항시는 2023년 신공항 연계 고속도로 기본구상 용역 및 철도망 기술 검토 용역을 시행했다. 영일만항~군위IC(70km)

구간 4차로 신설과 포항~신공항 철도 노선이다. 광역교통망은 국가 상위계획에 반드시 포함돼야 해 정부 결단이 필요하다.

이 구상대로 진행된다면 대구와 경북에는 '투 포트(Two-port)' 시대가 열린다. 물류공항을 목표로 하는 신공항과 영일만항 간 효율적 물동량 연계가 가능하다. 또 '해오름동맹' 도시인 포항·경주·울산의 잠재적 여객 수요를 확보하는 데에도 용이하다.

교통망은 시민의 소중한 시간을 되찾아 주는 행복의 통로이다. 정주여건 개선을 목표로 도심 도로망 정비에도 많은 투자를 해왔다. 송도해수욕장과 영일대해수욕장을 잇는 해오름대교(길이 395m)가 대표적이다. 2026년 준공되면 철강공단 교통량 분산과 함께 관광 명소가 될 것이다.

특히 포항의 새로운 랜드마크가 될 해오름대교는 시민들이 직접 명칭을 정해 의미가 깊다. 지난해 공모에선 '포항대교' '상생대교' '해맞이대교' '일월대교' 등도 함께 후보에 올랐다. 지역에 대한 주민들의 애착과 자긍심을 느낄 수 있는 대목이었다고 생각한다.

만성적인 포항역 주차난 해소를 위해선 국가철도공단과 함께 물품하역장 유휴부지에 900면 규모 공영주차장을 조성하고 있다. 특히 주차장을 주민 친화적 복합공간으로 만들어 차량 흐름 개선, 생활 편의 향상까지 도모할 계획이다.

친환경 대중교통 확대, 교통복지 강화 역시 게을리하지 않았다. 포항시는 전기버스 124대를 운행 중이며, 수소 · 전기 충전소를 점차 확대하고 있다. 교통약자 대상 '동행콜' 운영과 함께 70세 이상 어르신들은 무료로 경주 · 영덕까지 시내버스를 이용할 수 있다.

코로나19로 잠시 끊겼던 포항공항의 하늘길은 다시 열렸다. 다만 아직 제주 · 김포 노선에만 취항하고 있어서 확충이 시급하다. 2025년 APEC 회의 당시 플로팅 호텔이 정박했던 영일만항 국제여객터미널 또한 올해 예산 51억 원을 확보한만큼 조속한 완공을 기대한다.

뜨거운 열정은
강철도 녹인다

제7부

시민들과 함께 헤쳐온
절박함의 사투와
승리의 시간들

헌신과 도전의 12년,
도시를 바꾼 이야기

제7부
시민들과 함께 헤쳐온
절박함의 사투와 승리의 시간들

| 1장 | 삭발의 각오… 무너진 땅에 희망을 심다

2017년 11월 15일 발생한 리히터 규모 5.4의 강진은 평화롭던 포항 시민의 일상을 송두리째 흔들어 놓았다. 많은 분이 집을 잃고, 오랜 세월 정신적 고통 속에 살아왔다. 특별법을 통해 일부 재산 피해는 보상됐지만, 마음의 상처는 여전히 아물지 않고 있다.

지진이 강타한 도시의 모습은 이루 말할 수 없을 만큼 처참했다. 8년이 지났지만 여전히 눈만 감으면 당시 풍경이 생생하게 떠오른다. 생전 겪어 보지 못한 트라우마도 생겨 대형 트럭이 지나가는 진동에 혹시 지진이 아닐까 하는 불안감이 엄습한다.

돌이켜 보면 지진 발생 직후에는 어떻게 하루를 보냈는지 모를 정도로 바빴다. 시민 안전을 책임지는 경찰 생활을 오래

한 터라 비상상황에는 꽤 익숙했지만 쏟아지는 피해 보고에 정신을 차릴 수가 없었다. 솔직히 말하자면 너무 걱정되기도 했고, 망했다는 생각도 들었다.

하지만 이내 마음을 다잡았다. 미천하나마 내 역량을 총동원해 고향이 직면한 전대미문의 피해 극복에 목숨을 걸겠다고 결심했다. 오로지 사회 혼란을 막고, 지진의 수렁에서 이재민들을 구해야겠다는 생각만 했다. 행여 순직한다면 명예라고 생각하니 두려울 게 없었다.

잠은 사치였다. 새벽에 일어나 간밤 상황을 확인하고, 온종일 중앙부처 장관·고위 공직자 및 정치인들에게 지원 대책을 호소하고, 시청 직원들과 수습 방안을 논의하다 보면 어느새 다시 새벽이었다. 시장 집무실에는 들를 엄두조차 내지 못했다.

시민들은 강했다. 집으로 돌아가지 못한 채 구호소에 머물러야 하는 어르신들도 서로를 챙겼다. 생계를 뒤로하고 자원봉사에 나선 아저씨와 아주머니들은 셀 수조차 없었다. 밤을 새워 가며 대책을 마련한 공무원들의 노고도 빼놓을 수 없다. 모두 수고하셨고, 고맙게 생각한다.

주민들의 협조 속에 피해 복구는 차분하면서도 효율적으로 진행됐다. 시련을 딛고 다시 일어서려는 시민들의 굳은 의지는 더 안전하고 더 나은 포항을 만들기 위해 하나로 뭉쳤다. 산업화를 견인해 온 시민정신이 재난 극복 과정에서 유감없이 발휘됐다.

지진 발생 닷새 뒤인 20일, 정부는 특별재난지역을 선포했다. 23일에는 일주일 동안 미뤄졌던 대학수학능력시험이 무사히 치러졌다. 25일에는 이재민 이주 종합민원상담소가 운영에 들어갔고, 이재민 책임전담 공무원제도를 시행했다.

나는 시민들에게 피해 지역을 중심으로 도시를 새롭게 건설하고, 재난에 선제적으로 대비해 가장 안전한 도시로 일궈 나가겠다고 약속했다. 또 중앙정부와 협력해 포항의 재난 극복 사례가 국가적 모범 사례가 될 수 있도록 법과 제도적 장치를 마련하겠다고 다짐했다.

12월 들어 재난지원금과 의연금 지급이 시작됐다. 이듬해 2월에는 주거 안정을 위해 조성한 희망보금자리 이주단지 입주가 진행됐다. 이곳은 지진 피해 이재민 중 생활권 및 경제활동 등으로 다른 지역 이주가 어려운 주민들의 신청을 받아 마련했다.

본격적인 도시 복원은 가장 피해가 컸던 홍해읍에 도시재생 현장지원센터가 문을 열면서 속도를 냈다. 국내 첫 특별재생사업 계획 수립과 추진, 주민 역량 강화 및 이해당사자 협의 등을 지원하는 소통 공간이었다. 다양한 주체의 자발적 참여가 성패를 좌우한다고 판단했다.

재난 극복의 새 역사를 쓴다는 각오로 정말 미친 듯이 뛰어다녔다. 직원들에게도 시민 불편을 먼저 파악하고 직접 찾아가는 선제적 행정서비스를 통해 희망과 꿈을 주자고 강조했다. 다만 2018년 7월 정부가 포항 지진을 계기로 재난지원금을 인상하기로 했지만 정작 포항 시민은 혜택을 받을 수 없었다.

2019년은 시 승격 70주년을 맞은 경사스러운 해였지만 시민들은 자긍심 대신 분노에 치를 떨어야 했다. 3월 정부 조사연구단 발표로 지열발전 실증연구 수행 중 주입한 물로 지진이 촉발됐다는 사실이 확인됐다. 자연재해가 아니라 인재(人災)로 드러나면서 도시는 발칵 뒤집혔다.

포항시와 시의회는 곧바로 기자회견을 열고 특별법 제정과 특별재생사업의 조속한 시행을 촉구했다. 정부 사업으로 인구 감소, 도시 브랜드 손상, 기업 투자 위축, 관광객 외면, 시민들의 트라우마 등 돈으로 환산할 수 없는 막대한 피해를 본 만큼 정당한 요구였다.

앞서 2018년 4월 발족한 한동대 '11.15 지진 · 지열발전 공동연구단'은 지진 원인 규명에 큰 역할을 했다. 산업통상자원부 '지열발전소 정밀조사단'의 활동이 시민 생각과 괴리가 있을 수 있다고 보고 한동대에 요청했는데 장순흥 총장이 흔쾌히 수락했다. 여기에는 지역 대학교수, 연구원, 법률가, 시민단체 대표, 언론인 등 20여 명이 참여했다.

정부 발표로 포항이 지진도시가 아니라는 점이 공식적으로 입증된 것은 다행이었다. 지열발전소의 폐쇄 및 원상 복구, 지진계측기 설치, 장기면에 있는 이산화탄소저장시설 폐기를 요청했다. 아울러 인재로 판명 난 지진에 대한 정부의 공식 사과를 주장했다.

성난 민심은 2019년 포항지진특별법이 국회에서 통과될 때까지 들끓었다. 3만 명이 모인 가운데 4월 2일 열린 특별법 제정 촉구 범시민결의대회에선 나와 서재원 포항시의회 의장이 삭발했다. 억울한 주민들의 마음을 전하기 위해 도시의 대표로서 정부에 엄중한 경고를 한 것이다.

하지만 2020년에 들어서서도 상황은 나아지지 않았다. 시민들은 7월 지진피해주민 총궐기대회에 이어 8월 청와대 앞에서 시위를 벌였다. 나는 정세균 총리를 만나 포항지진특별법 시행령 개정안에 피해지원금과 관련한 주민들의 뜻을 적극적으로 반영해 달라고 강력히 요청했다.

홍해읍 특별재생사업은 단순한 복구가 아니라 지진의 상처를 딛고 일어서 도시 체질을 바꾸려 했던 재건과 희망의 여정이었다. 지진의 직격탄을 맞아 도시 전체가 멈춰 섰던 곳에 새로운 씨앗을 뿌리고 싶었다. 국내 최초 '재난 대응형 재생'의 이정표를 세워야 했다.

지진 직후 전쟁터를 방불케 했던 홍해읍 일대는 이제 세계가 주목하는 '재난 극복 모범도시'로 우뚝 섰다. 우선 국립또는 도립 앵커시설 건립 요청이 받아들여지지 않자 북구보건소를 이전했다. 지진트라우마센터도 함께 설립해 치유와

회복의 상징성을 더했다.

피해가 심각했던 공동주택 터는 사회 인프라로 탈바꿈했다. 포은홍해도서관은 영남권 첫 음악 특성화 도서관이자 시민들의 마음을 치유하는 힐링 스폿이 됐다. 홍해복합커뮤니티센터는 수영장, 체육관을 갖춰 무너졌던 시민의 일상에 활력을 불어넣고 있다.

특히 아이 키우기 좋은 도시가 된 점은 큰 보람으로 생각한다. '아이누리플라자'는 키즈 카페, 장난감도서관, 24시간 365어린이집을 한곳에 모은 복합보육공간이다. 홍해는 최근 대규모 공동주택 입주로 영유아 인구가 많은 지역이다.

최근에는 포항지진특별법에 근거한 공동체복합시설이 북구 양덕동에 첫 삽을 떴다. 지상 3층 규모인 이곳은 사업비 198억 원을 들여 2027년 상반기 준공을 목표로 한다. 심리상담실, 재난안전수영장, 공동육아나눔터, 기억의 공간 등 주민 수요를 반영한 기능이 들어설 예정이다.

아울러 스마트 지진 방재시스템을 구축해 불안을 안심으로 바꿨다. 홍해 지역 11개 학교·도서관 건물에 지진 감시 및 경보체계를 설치했다. 지진이 발생하면 학생들이 공부하고 있는 건물의 이상상황을 감지해 재난안전 담당자, 교사들에게 실시간 알람을 보낸다.

홍해의 성공적 재생은 포항이 어떠한 위기 앞에서도 꺾이지 않는다는 것을 증명한 역사적 기록이다. 이 성과는 50만 포항 시민과 흥해 주민들이 함께 흘린 땀방울의 결실이다. 지진 이후에도 코로나19, 태풍 힌남노 등 위기들을 마주했지만 위기는 오히려 도약의 발판이 돼 포항이 한 단계 더 성장하는 계기가 됐다.

남은 과제는 정신적 피해보상 상고심에서 정의로운 판결이 나오느냐이다. 1심의 '1인당 200만~300만 원 배상' 판결은 지난해 5월 대구고등법원 2심에서 뒤집히며 시민들을 충격에 빠뜨렸다. 피해자들의 고통을 외면한 판결은 안타까움을 넘어 개탄스럽다.

국가의 배상 책임을 인정하지 않은 재판부의 논리는 상식적이지 않다. 정부 스스로 '지열발전으로 인한 촉발지진'임을 공식 발표했고, 감사원 조사에서도 국가의 관리 부실이 드러났다. 이런 팩트는 인정하면서도 국가 과실은 없다는 건 앞뒤가 맞지 않는다

공이 대법원으로 넘어간 만큼 법조계 및 지질 전문가들과 협력해 3심에서 판결이 바로잡힐 수 있도록 행정력을 집중하고 있다. 지난해 6월에는 대법원에 '시민 호소문'을 제출했다. 정부 책임을 분명히 하고, 다시는 이런 일이 일어나지 않도록 하려는 것이다.

포항시는 소송 결과와 별개로 지진특별법의 실효적 보완을

통해 실질적인 피해 구제가 이뤄질 수 있도록 국회와 정부에 지속해서 요구하고 있다. 국가가 잘못해서 벌어진 촉발지진의 고통을 국민에 전가해선 안 된다. 정의가 바로 설 때까지 시민 여러분과 끝까지 함께하겠다.

"전례 없는 위기를 겪으면서 시민 안전을 최우선에 둔 현장 중심 대응을 원칙으로 삼았다. 현장의 목소리에 귀를 기울여 상황을 파악하고, 실질적으로 필요한 지원과 조치를 즉시 제공해야만 혼란을 조기 수습할 수 있기 때문이다. 갈수록 강해지는 재난 유형에 따라 피해가 광범위해지면서 범정부적 협력 체계의 필요성도 되짚어야 한다. 대형 재난의 극복은 지자체 노력만으로는 어려운 상황에 이르렀다. 정부와 지자체는 물론이고 군·경·소방·민간 등 가능한 모든 자원을 총동원하는 새로운 수준의 대응체계를 구축해야 한다. 선제 대응을 위해 예측·예방 정책 전반을 점검하고, 현실을 반영한 법령 및 제도 개선과 재난 인프라 확충이 필요하다. 인공지능(AI) 등 첨단 기술을 활용한 예측시스템 구축, 도시 내 위험 요소를 반영한 재난 대응 매뉴얼 등 개선해 나갈 분야가 아직 많다."

- 언론 인터뷰 중

| 2장 | 방호복 너머 흐르던 눈물, 1천 일의 기록

2020년 1월 20일 중국 우한에서 인천국제공항으로 입국한 중국인 여성이 코로나19 확진 판정을 받았다. 우리 국민 3천 500만 명을 감염시키고, 3만 5천 명 이상의 생명을 앗아간 대역병(大疫病)의 시작이었다. 그때는 3년이 넘게 온 나라가 고통받을 것이라곤 상상도 못 했다.

이제 와서 생각해 보면 그 길고 길었던 고난을 어떻게 견뎌 냈나 싶다. 아니, 다시 떠올리고 싶지도 않다는 게 국민 대다수의 심정일 것이다. 개인은 물론 국가 경제까지 심각한 타격을 입었고, 우리 삶의 양식마저 뒤흔들어 놓았기 때문이다.

포항 첫 확진자는 그로부터 한 달 뒤인 2월 20일 나왔다. 경자년(庚子年), 흰 쥐의 해를 맞아 더욱 부지런히 뛰어다녀야겠다고 마음을 다잡던 시기였다. 이차전지 등 신산업 생태계의 기반 확충, 시민이 체감하는 경제 활성화 등 할 일이 태산이었다.

즉각 대응에 들어가 확진자가 다녀간 병원·약국을 폐쇄하고, 접촉자들을 자가격리했다. 음압병상 부족 사태에 대비해 포항의료원 1개 병동을 비우고 비상용으로 활용키로 했다. 확산 방지를 위해 어린이집, 체육시설, 복지시설 등의 운영도

일시 중지시켰다.

2월 23일 감염병 위기경보 수준이 최상위 '심각'으로 높아지자 유관기관 비상대책회의를 열어 가용한 모든 자원을 동원해 대응하기로 했다. 각급 학교 개학을 일괄 연기하고, 선별진료소를 11개로 늘렸다. 민·관·군 합동 생활방역단은 특별방역에 나섰다.

포항시는 코로나19 팬데믹 동안 여러 차례 뉴스의 초점이 됐는데, 그 첫 사례는 전국 첫 민·관 합동 통합선별진료소 운영이었다. 지역 의료기관들이 스스로 참여해 협력함으로써 진료체계의 새 모델을 제시했다. 각 병원 간 대응 요령과 지침을 통일하는 계기도 됐다.

두 번째는 드라이브 스루(drive-through) 검사의 조기 도입이었다. 대구 칠곡경북대병원이 세계 최초로 창안한 이 아이디어는 포항의료원에서 3월 2일부터 운영됐다. 포스코 등 대형 사업장 근로자들이 신속하고 안전하게 검사받는 장면은 K-방역의 모델로 자주 언급됐다.

드라이브 스루는 이후 다양하게 변형돼 화제를 모았다. 포항시는 포은중앙도서관에서 차에 탄 채 책을 빌릴 수 있게 했고, 판로가 막힌 양식어업인을 돕기 위해 활어회 승차판매를 지원했다. 이 서비스는 다른 지역으로도 번져 꽤 좋은 반응을 얻었던 기억이 새롭다.

인근 시·군에서 사회복지시설 집단감염 사태가 빚어지자 3월 9일 요양원 등에 대한 예방적 코호트 격리를 전격 시행했다. 외부 접촉을 전면 차단해 확산을 막겠다는 취지였다. 반발도 있었지만 국가 위기를 최단 시간 내 극복하려면 특단의 조치가 필요했다.

성숙한 시민의식은 위기에 더 돋보인다. 의사·간호사들은 최일선에서 사투를 벌이던 포항의료원 근무를 자청했고, 소상공인들은 자신도 어려운 와중에 앞다퉈 성금과 먹을거리를 보내주셨다. 지역을 먼저 생각하고, 헌신하신 모든 분께 진심으로 감사드린다.

그즈음 대구·경북만이라면 아직도 치가 떨릴 일도 있었다. 대구에서 왔다는 이유로 서울 병원에서 진료 거부를 당했다는 환자가 속출한다는 것이었다. 이웃도시 대구보다는 포항 상황이 나았던 터라 의료진과 함께 지원에 나서고 싶은 마음이 굴뚝같았다.

포항시는 당시 각계각층에서 모금한 성금 2억 1천396만 원을 대구시에 전달했다. 각종 단체와 시민들이 자발적으로 참여해 십시일반 모았다. 대구시는 앞서 2017년 11·15 지진 때 3억 2천500만 원을 포항시에 지원한 바 있다.

시민들의 협조에 힘입어 포항 확진자는 2020년 6월 3일부터 7월 19일 사이에는 단 1명(누적 54명) 늘었다. 하지만 8월

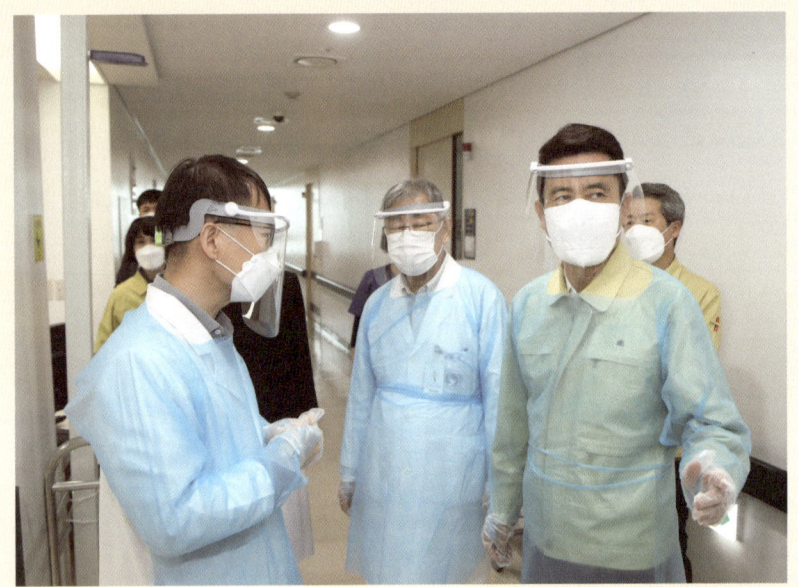

코로나19 대응 현장 점검

시민 안전을 위한 코로나19 검사 현장 점검

부터 조금씩 증가하더니 9월 30일 누적 확진자가 100명을 기록했다. 10월에는 마스크 착용 의무화 추진 행정명령을 다시 내려야 할 정도가 됐다.

12월 들어 3차 유행으로 확진자가 130명 넘게 쏟아지면서 사회적 거리두기를 2단계에서 수도권과 같은 2.5단계로 격상했다. 코로나19 백신 접종을 앞두고 최대 위기를 맞았다고 판단했다. 포항역에도 선별진료소를 추가로 운영했다.

연말연시 해맞이 관광객으로 인한 재확산을 막기 위해 2021년 호미곶 한민족해맞이축전을 취소하고, 주요 해변을 봉쇄했다. 여름휴가철 직후 양성 판정이 크게 늘어난 경험도 있었다. 그러나 홍보에도 불구하고 교통 체증이 빚어질 정도로 많은 분이 포항을 찾았다.

결국 1월 26일 전국 최초로 '1가구 1인 이상 진단검사 행정명령'이라는 초강수를 둬야 했다. 도심 지역 모든 동(洞)과 연일·흥해읍이 대상이었다. 상황이 워낙 엄중해 전 시민 검사도 검토했지만 여러 측면에서 다소 무리가 있다고 봐 시행하지는 않았다.

당시 확진자 증가세가 주춤하던 다른 지역과 달리 포항은 확산세가 가팔랐다. 특히 무증상 확진자 비율이 45%에 이르러 수도권보다도 높았다. 선제적으로 이들을 빨리 찾아내 대규모 전파를 차단하는 것이 시급하다고 생각했다.

다만 서둘러 추진하다 보니 시행 초기 준비 부족 등으로 시민들께서 불편을 겪으셨다. 행정명령을 철회해 달라는 국민청원도 올라왔고, 시민들의 항의를 받은 시의원들의 문제 제기도 잇따랐다. 다시 한번 심심한 사과의 말씀을 올린다.

논란도 있었지만 무증상 감염자를 다수 확인한 것은 성과였다. 19만 6천410명을 검사해 42명의 확진자를 발견했는데 무증상자가 32명(76.2%)이었다. 감염병재생산지수가 1.2를 넘어서던 추세를 꺾었다는 데 의미를 둘 수 있었다.

연결고리를 사전에 차단하자 확진자는 뚜렷하게 감소세를 보였다. 200명 가까이 확진자가 나온 1월과 달리 2월은 30명, 3월은 40명가량만 양성 판정을 받았다. 2월 설 연휴에 '슈퍼전파자'들이 바이러스를 퍼뜨렸다면 백신 접종의 효과는 분명 떨어졌을 것이다.

취약계층의 경제 위기 해소에도 많은 신경을 썼다. 코로나 팬데믹 1년 만에 지역 소상공인들의 매출액이 절반 이하로 뚝 떨어진 탓이다. 조사 결과 폐업한 업체가 5천862곳, 점포 공실률이 24%에 달했고 여행업계는 거의 1년간 개점휴업 상태였다.

벼랑 끝에 선 민생 경제를 살리기 위해 예산을 투입해 직접적인 지원에 나섰다. 사회적 거리두기 2단계 조치로 집합금지 명령이 내려진 업소에는 200만 원, 영업시간 제한 등 피해를 본 업소에는 100만 원씩 지원했다.

아울러 소비 촉진을 목표로 '포항사랑상품권'을 전국 최대 규모인 5천억 원 상당 발행했다. 사업 첫해였던 2017년부터 4년간 발행한 9천억 원의 절반이 넘는 액수였다. 또 위기가정에 대한 긴급복지를 확대하고, '착한 나눔 임대사업'을 범시민운동으로 전개했다.

그러나 시련은 끝난 게 아니었다. 2021년 겨울, 방역 조치가 느슨해진 틈을 타 백신 방어막을 뚫는 오미크론 변이가 급속도로 퍼졌다. 2022년 1월부터 4월까지 국내 확진자는 1천600만 명을 넘어 2020~2021년 2년 누적 확진자 63만 5천 명의 25배에 달했다. 인구 50만의 포항에서도 3월에 무려 8만 7천 명이 확진돼 역대 최고를 기록했다.

그래도 모든 일에는 끝이 있는 법이다. 2022년 4월 사회적 거리두기가 전면 해제되고, 코로나19의 감염병 등급이 1급에서 2급으로 하향 조정됐다. 2023년 5월에는 세계보건기구(WHO)가 코로나19 비상사태 해제를 발표했고, 정부는 감염병 위기경보를 '경계'로 낮췄다.

재유행을 반복하며 끝이 보이지 않던 코로나19 사태는 우리가 한 번도 겪어보지 못한 대혼란의 연속이었다. 국내외 경제는 불황의 늪에 빠졌고, 시민들에게 육체적 심리적 고통을 주었다. 지난했던 팬데믹은 포항 시민들의 승리이자 희생의 기록이다.

포항은 마스크 쓰기를 생활화하고, 재확산 위기 때마다 사회적 거리두기 지침을 지키면서 높은 시민의식으로 고난을 함께 이겨냈다. 혼연일체가 되어 일상과 방역을 병행하는 민생 방역의 선도 모델을 만들었다고 자부한다. 고생하신 모든 분에게 뜨거운 박수를 보낸다.

우리 속담에 비 온 뒤에 땅이 굳는다고 했다. 팬데믹은 '바이오보국'(報國)과 열악한 지방 의료 여건 개선이라는 시대적 사명을 재확인한 계기였다. 포항이 바이오헬스산업 육성과 연구 중심 의대, 스마트병원 설립에 박차를 가해 언젠가 닥칠지도 모르는 또 다른 팬데믹을 이겨내는 선도도시가 되길 간절히 소망한다.

3장 | 냉천의 무너진 둑 위에서 다짐한 결심

지난해에는 태풍이 하나도 우리나라에 오지 않았다. 이런 일은 2009년 이후 16년 만에 처음이고, 역대로도 딱 세 차례 있었다고 한다. 9월까지도 북태평양고기압이 한반도를 덮으면서 태풍이 잘 북상하지 못한 것으로 풀이된다.

우리는 해마다 여름이 끝나갈 즈음이면 태풍 소식에 가슴 졸이곤 한다. 삶의 터전을 잃은 수재민이나 가을걷이를 앞두고 허망하게 농사를 망친 농부의 수심 어린 얼굴은 언제나 가슴 아프다. 올해도 태풍이 얼씬도 하지 않길 바란다.

특히 포항은 2022년 '힌남노'로 큰 피해를 당한 터라 태풍이 접근할 때마다 초비상이다. 2017년 지진 때도 그랬지만 대형 자연재해 앞에선 늘 나 자신이 무기력하게 느껴진다. 부덕한 탓에 연달아 상심을 끼친 것 같아 시민들에게 송구하다.

그해 9월 6일 힌남노 내습(來襲) 당시 포항시는 나름대로 대비에 온 힘을 다했다. 태풍 상륙 이전부터 재난안전대책본부를 가동하고 비상근무 체계에 돌입했다. 전 직원이 긴박하게 취약지 점검에 나섰고, 어선들의 조기 귀항을 독려했다.

그러나 사람의 힘으로는 어떻게 해볼 도리가 없는 물폭탄이 한밤중에 쏟아졌다. 500년 빈도를 훨씬 웃도는 시간당

100mm 이상의 극한호우에 9명이 숨지고, 1명이 실종됐다. 포스코가 조업을 중단하는 등 재산 피해는 1조 7천300억에 이르렀다.

워낙 피해가 크다 보니 수사기관이 포항시에도 책임을 물으려 했다. 나를 포함해 여러 명이 경찰 수사를 받았고, 공무원 등 8명이 기소됐다. 나는 10월 국회 국정감사에도 증인으로 채택돼 해명에 나서야 했다.

여전히 아쉬운 게 많지만, 포항은 아픈 상처를 씻어내려 지금도 안간힘을 쓰고 있다. 갈수록 강력해지는 기후 위기의 일상화에 맞춰 선제적 대응 시스템 마련에 최선을 다하고 있다. 재난을 이겨낸 도시를 넘어 예측하고 예방하는 도시가 되려 한다.

먼저 실제 상황을 가정한 극한호우 대비 훈련을 유관기관 합동 및 읍·면·동 자체적으로 정기 실시하고 있다. 반복 훈련으로 협업 대응 능력을 키우고, 시민의 안전의식을 고취하자는 취지다. 그래야 재난이 닥쳤을 때 적극적 참여로 이어질 수 있다.

실제로 2023년 태풍 '카눈'이 접근하자 포항은 경북 시·군 가운데 가장 빨리 '주민대피 행정명령'을 내렸다. 힌남노 때처럼 즉각 대응이 힘든 취약시간에 피해가 발생할 때를 대비해 미리 주민 안전을 확보했다. 덕분에 포항은 인명 피해가 없었다.

　이는 포항시의 방재 패러다임을 사후 복구에서 선제적 강제 대피로 바꾸는 계기가 됐다. 지난해 3월 경북 산불 당시 포항은 피해 우려가 커지자 죽장·기북·송라면 일대 주민대피 명령을 내려 130여 명이 피신했다. 만사가 유비무환(有備無患)이다.

　차수판(遮水板) 설치도 태풍 카눈 때 효과를 거뒀다. 힌남노 피해를 반면교사 삼아 관련 조례를 제정해 침수 우려 주

2022년 힌남노 당시 칠성천 일대 현장

택・상가에 최대 80%까지 설치비를 지원했다. 시민들의 안전한 생활환경 조성에 이바지한 가장 눈에 띄는 변화였다.

형산강 유역 홍수를 예방할 '형산강 하천환경 정비사업'은 지난해 정부의 예비타당성 조사를 통과했다. 국비 8천억 원을 들여 제방을 보강하고 퇴적 구간을 파내 200년에 한 번 발생할 정도의 큰 홍수에 견딜 수 있게 만드는 것이 목표다.

크고 작은 하천 피해와 관련해선 지방하천 개선 복구사업, 소하천 재해 복구사업 등이 완료됐거나 곧 마무리될 예정이다. 냉천에는 사물인터넷(IoT) 센서, 인공지능 CCTV 등 첨단 디지털 기술을 활용해 침수 위험을 알리는 다목적 관측소를 설치했다.

새로운 수준의 대응 인프라와 재해 대응체계 구축이 핵심인 '안전도시 종합도시 종합계획' 도 추진하고 있다. '도시 안전 진단 및 방재 종합계획 수립 용역' 은 마쳤다. 도시 우회 대배수터널 등 인프라 설치를 중앙정부 등에 계속 건의하고 있다.

아울러 주거밀집 지역이자 국가기간산업 지역인 형산강에 인접한 국민의 생명과 재산을 보호하기 위해 형산강 홍수통제소 신설을 정부에 요청하고 있다. 낙동강 전체를 관리하는 기존 시스템으로는 동해안 지역의 '골든 타임' 을 확보하기 어렵다.

이러한 노력을 인정받아 포항시는 2024년, 2025년 연속으로 행정안전부 재난관리평가에서 우수등급을 받았다. 특히 대응과 복구 분야에서 높은 점수를 기록했다. 그 과정에서 수년간 불편을 참고 행정에 협조해 주신 시민 여러분께 감사드린다.

다만 예산 문제 등으로 인프라 확충이 더디게 진행돼 안타깝다. 냉천 범람을 막기 위한 오천읍 항사댐 건설은 입찰이 다섯 차례나 유찰됐다. 포항시는 낮은 수익성 탓에 건설사가 응하지 않는 것으로 보고 기후에너지환경부와 공사비 증액을 협의 중이다.

애초 포항 흥해읍에 건립하기로 협의가 이뤄졌던 '경상북

도안전체험관'이 다른 지역에 간 것 역시 회한으로 남았다. 지진과 태풍을 모두 겪은 포항 시민들의 유치 노력은 물거품이 됐다. 더욱이 2023년 5월 발표 당시 나는 당시 신병 치료를 위해 잠시 자리를 비운 상태였다.

"당시 범람했던 냉천 천변에 고수부지가 있었습니다. 꽃도 심어 놓고 운동기구도 설치해 놓았어요. 그 부근에 소득이 낮은 시민들이 많이 살고 있었어요. 그런 분들이 고수부지에서 아침저녁으로 산책도 하고 운동도 하면서 삶의 소소한 행복을 찾던 곳이었지요. 하천이 범람하면서 그곳이 싹 쓸려 갔어요. 새벽 두세 시쯤 망가진 그 길을 혼자 걷다가 엉엉 운 적이 있습니다. '왜 하늘은 어려운 사람들이 조금이라도 행복을 느낄 수 있는 이런 곳까지 망가뜨리나' 야속한 마음이 드는 겁니다. 돌아보면 재난에 대응하고 후속 처리하던 그때가 참 힘들었습니다."

- 언론 인터뷰 중

| 4장 | 시민과 함께 상생의 길을 열다

포항은 2023년 또 한 번 전국적인 주목을 받았다. 혐오시설 취급을 받아온 추모공원 '영일의 뜰' 부지 공모에 무려 일곱 개 마을이 신청하면서다. 공모를 앞두고 유치 희망 지역들은 앞다퉈 기자회견을 열었고, 시내에는 홍보 현수막이 수없이 내걸렸다.

신규 추모공원(화장로 8기) 조성 필요성은 오래전부터 제기됐다. 우현화장장(화장로 3기)과 구룡포화장장(화장로 1기)은 각각 1941년, 1978년에 지어져 노후화가 심각하다. 코로나19 때는 시설 부족 탓에 시민들이 오일장을 치러야 하기도 했다.

2021년 입지 후보지 1차 공모가 시행됐다. 하지만 같은 마을 안에서도 찬반 여론이 팽팽히 맞서면서 한 곳도 신청하지 않는 낭패를 겪었다. 반대 측 주민들은 주거 환경 악화, 부동산 가치 하락, 교통 혼잡, 소음 문제 등을 걱정했다.

2차 공모의 대반전에는 여러 이유를 꼽을 수 있다. 우선 새로운 장례시설은 사후(死後) 복지라는 점을 주민들께서 이해해 주셨다. 기존 시설로는 감당이 어려워진 만큼 대안은 품격 있는 서비스를 제공하는 새 추모공원뿐이라는 점에 사회적 합의가 이뤄진 것이다.

포항시는 1차 공모 당시 부족했던 점을 개선했다. 장사(葬事) 시설은 최대한 지하에 배치하고, 상부에는 친환경 건축물을 건립하겠다고 강조했다. 단순한 장례시설을 넘어 시민들이 즐겨 찾는 문화공간으로 만들면 삶의 질이 향상될 것이라고 설득했다.

실제로 2030년 문을 열 추모공원 터 35만㎡ 중 20%만 화장장 등 장사 시설로 쓴다. 주변에는 전망타워, 조각공원, 미술관, 수목원, 야간 홀로그램 아트 조명시설 등을 갖춘다. 장사 시설이 기피 시설이 아니라는 인식이 전국적으로 확산하는 계기가 되길 바란다.

무엇보다 포항시의 꾸준한 소통이 주민들의 마음을 움직였다. 재공모를 앞두고 세종특별자치시 추모공원인 '은하수공원' 등 38곳의 선진지 견학을 주민들과 다녀왔다. 읍·면·동 순회 주민설명회도 수십 차례 여는 등 최선의 노력을 기울였다.

그 결과 추모공원은 후손에게 물려줄 복지시설이자 지역 발전 거점이란 인식이 자리 잡았다. 결국, 장기면 2곳과 구룡포읍, 연일읍, 동해면, 청하면, 송라면에서 각 한 곳씩 모두 일곱 마을이 신청했다. 나는 감사한 마음을 담아 추모공원 유치가 자랑이 되도록 하겠다고 약속했다.

물론 유례없는 추모공원 유치 열기에는 지방소멸이라는 위기감 또한 작용했을 것이다. 젊은이들이 떠난 마을이 살아남으려면 특별 조치가 있어야 한다는 공감대가 형성됐다. 유치 희망 지역마다 지역균형발전 목소리가 나온 까닭이다.

포항시가 내건 인센티브 역시 빼놓을 수 없다. 최종 선정된 눌태1리에는 기금 40억 원과 화장시설 사용료 징수액 20%를 30년간 지원하고 주민 일자리를 제공한다. 눌태리가 있는 구룡포읍에도 기금 80억 원, 주민 편익 및 숙원사업을 45억 원 규모로 지원한다.

여기에 더해 추모공원 인근에 파크골프장, 스포츠콤플렉스를 짓고 대형 할인마트도 유치할 계획이다. 나는 모든 부서가 선정 지역에 줄 수 있는 혜택을 찾아 달라고 주문했다. 한국 토지주택공사(LH) 공모에 선정돼 리모델링 공사에 들어간 구룡포읍 여성회관은 그 신호탄이다.

심사 과정 역시 명쾌하게 했다. 각계 전문가들로 구성된 추모공원건립추진위원회를 두고 부지 적정성, 주민 수용성 등의 항목을 점수화해 평가했다. 눌태1리는 30가구 중 21가구가 동의하는 등 찬성률이 70%를 넘어 주민 수용성에서 높은 점수를 받았다.

기본구상 및 타당성 조사 용역 등 추모공원이 순조롭게 추진되면서 벤치마킹을 위해 포항을 찾는 전국 자치단체도 늘고 있다. 포항시는 이들에게 공감대 형성에 최선을 다하고, 시민 눈높이에 맞춰 사업을 추진하라고 조언하고 있다.

추진 과정에서 어려움이 적지 않았으나 이제 구룡포는 상전벽해(桑田碧海)의 변화를 앞두고 있다. '삶의 시작부터 마무리까지 시민이 행복한 도시'라는 기치를 내건 행정에 적극적으로 협조해 주신 주민들의 결단에 다시 한번 깊이 감사드린다.

포항시는 올해 또 하나의 대형 공모사업을 눈앞에 두고 있다. 2023년부터 본격적으로 추진해 온 '에코빌리지' 건립이다. 2034년 사용이 종료되는 남구 호동2매립장과 생활폐기물에너지화시설(SRF)을 대체하는 차세대 종합 생활폐기물 처리시설이다.

600,000㎡(약 18만 평) 부지에는 생활폐기물을 친환경적으로 처리하기 위한 소각장, 매립장, 음식물 자원화시설, 침출수 처리시설 등이 들어선다. 시민 복지 향상을 목표로 체육시설, 공연장, 도서관 등도 조성한다. 사용 기한은 2034년부터 30년이다.

추모공원과 마찬가지로 최종 입지로 선정된 지역에는 파격적 인센티브를 제공해 주민 삶의 질 향상과 동시에 지역 발전 기반이 되도록 할 방침이다. 450억 원 규모의 편익시설 설치, 연간 17억 원 규모의 주민지원기금 조성 등이 30년 동안 지속해서 지원된다.

최종 입지는 입지선정위원회의 타당성 조사, 전략환경영향평가, 주민 유치 의사 등을 종합 검토해 2026년 연말에 발표한다. 후보지 주민 · 토지 소유자 · 이통장협의회 · 개발자문위원회의 70% 이상 동의를 받아야 한다. 남구 대송면과 북구 신광면 등 2곳이 신청했다.

포항시는 그동안 폐기물처리시설에 대한 인식 개선에 적극적으로 나섰다. 최신 설비와 공법을 적용하는 만큼 악취와 오염을 최소화한다는 내용을 알리는 데 힘썼다. 향후 선정과정 역시 객관적으로 운영해 오해나 민원을 미리 방지할 방침이다.

구룡포 눌태리 추모공원 조감도

알려진 대로 에코빌리지 조성은 힘든 과정을 지나왔다. 님비(NIMBY · Not In My Back Yard) 현상이 발목을 잡았다. 2019년에는 음식물폐기물처리시설 후보지 5곳을 결정했으나 일부 주민들의 반대로 중단됐다.

나는 민원이 끊이지 않던 남구 오천읍으로 2020년 8월 이사를 했다. 현장에서 생활하면서 주민과 소통을 통해 해결책을 모색하겠다는 의지였다. 일부 포항시청 간부 공무원들도 환경 민원 현장 인근으로 이주해 소통 행보에 동참했다.

이후 2021년 최종 후보지 두 곳을 발표했으나 일각에서 강하게 반발하면서 사업은 답보 상태에 빠졌다. 결국, 2022년 방향을 바꿔 공모로 전환했다. 에코빌리지 최종 후보지 역시 주민 수용성 여부가 중요한 잣대로 작용할 것으로 보인다.

이처럼 사회에 필수적이지만 기피 대상이기도 한 시설의 입지에 대한 고민은 모든 지방정부가 공통으로 떠안고 있다. 2024년 전국대도시시장협의회 일행과 함께한 유럽 방문 당시에도 많은 의견을 교환했다. 결론은 기술에 대한 신뢰와 주민 수용성 향상이었다.

오스트리아 수도 빈의 '슈피텔라우 에너지센터'는 쓰레기 소각장이 예술작품으로 재탄생하면서 연간 60만 명이 찾고 있었다. 덴마크 코펜하겐 중심부에 있는 소각장 '코펜힐'도 마찬가지다. 포항에도 휴식공간으로 사랑받는 도시 필수시설을 만들어야겠다는 욕심이 생겼다.

　도시의 밑그림을 그리는 것보다 더 중요한 일은 계획에 합의하는 과정이다. 과거와 같은 상명하달 방식으로는 결코 좋은 도시를 만들 수 없다. 시민과 소통을 토대로 결정된 정책만이 강한 추진력을 확보할 수 있다.

　"시정 책임자로서 주민들의 고통을 함께 겪어 보지 않으면 해결책을 찾을 수 없다고 생각했다. 이사를 간 오천읍은 음식폐기물처리장, 고형폐기물열병합발전소 등을 둘러싸고 악취와 대기 오염 민원이 끊이지 않는 곳이다. 주민들과 함께 문제를 진단하고 방법을 찾고 있다. 어려운 시기를 극복하고 새로운 공적 가치를 창출하는 것이 기초단체장의 핵심 경쟁력인 시대다. 포항이 세계적인 도시로 성장할 수 있도록 창의적이고 신뢰받는 행정을 펼쳐 나가겠다."

- 언론 인터뷰 중

뜨거운 열정은
강철도 녹인다

제8부

진심과 열정의 최선에도
불구하고 다하지 못한
일에 대한 회한의 무게

헌신과 도전의 12년,
도시를 바꾼 이야기

진심과 열정의 최선에도 불구하고
다하지 못한 일에 대한 회한의 무게

| 1장 | 지방이 살아야 대한민국이 산다

　지방선거를 앞두고 이웃 광역자치단체 간 행정통합 논의가 무성하다. 지난해 12월 대통령이 대전·충남 통합특별시 출범을 언급하면서 급부상했다. 광주·전남이 메가시티 공론화에 합류하는 등 찬반 여부를 떠나서 메가톤급 이슈임에는 틀림이 없다.

　시정을 12년 동안 이끈 입장에서 착잡하다. 주민 뜻과는 무관하게, 권력자 말 한마디에 추진되는 선거공학적 접근은 자칫 빛 좋은 개살구로 끝날 공산이 크기 때문이다. 껍데기만 합치는 졸속 통합이 오히려 후유증과 갈등만 남길까 봐 걱정이다.

　여당은 지역 소멸 대응을 통합 이유로 내세운다. 하지만 통합이 유일한 해법이라고 할 수는 없다. 자치단체끼리 기능별

연합, 단계적 협력 등 다양한 발전 모델이 있기 때문이다. 인접 지역 간 경제벨트 구축이 더 효과적인 방안이 될 수도 있다.

지방 소멸의 진짜 원인은 '덩치' 가 작아서가 아니라 스스로 운명을 결정할 자율성이 없기 때문이다. 입법 · 예산 · 교육 등에서 얼마나 권한을 확보하느냐가 핵심이다. 경북시장군수협의회와 전국대도시시장협의회 회장으로 일하며 허울뿐인 지방자치제의 한계를 뼈저리게 느꼈다.

그 답을 찾기 위해 2016년 동해고속도로 포항~울산 구간 개통을 계기로 포항과 경주, 울산을 묶는 '해오름동맹' 에 열정을 쏟았다. 행정구역을 합치는 소모적 논쟁 대신 마음과 기능을 합치는 실리를 택했다. 자치단체들이 자발적으로 운영하는 광역 협력의 성공 사례라 할 수 있다.

지향점은 '네트워크 시티' (Network City)다. 중심도시-위성도시 간 종속적, 의존적 관계가 아니라 수평적 연계와 상호보완성을 기초로 한다. 회원도시 전체의 발전을 추구함으로써 환동해 경제권을 주도하는 메갈로폴리스(Megalopolis)로 도약을 꿈꾼다.

대표적 해외 사례는 네덜란드 란트스타트(Randstad) 지역이다. 암스테르담, 로테르담, 헤이그, 위트레흐트 등 4개 도시가 중심이다. 해오름동맹도 각 지역 주력 산업을 묶어 산업벨트를 구축하고, '형산강 프로젝트' 등 시민들이 체감하는 성과를 일궈냈다.

이러한 실질적 연대는 인구 감소 시대에 '생활인구'가 부상하면서 새롭게 평가받는다. 생활인구에는 정주인구뿐만 아니라 출·퇴근, 등·하교, 의료 등의 목적으로 지역을 오가는 사람이 포함된다. 산업과 삶이 섞일 때 지방자치의 생명력은 한층 강화된다.

이제 이 성공의 DNA를 경북 전체로 확산시켜야 한다. 22개 시·군의 특색을 살린 '경북형 네트워크 메가시티'를 만들어야 경쟁력이 높아진다. 행정 통합을 추진하더라도 대도시에 의존하는 방향이 아니라 '다극 체제'(Multi-core)를 목표로 삼아야 한다.

이를 위해 가장 먼저 할 일은 공간 재설계다. 모든 길이 서울, 대구로 향하는 것이 아니라 시·군끼리 수평으로 소통할 수 있게 격자형 순환도로와 철도망을 깔아야 한다. 도청은 시·군을 관리하는 상전이 아니라 권한을 배분하고 뒷받침하는 조율자가 되어야 한다.

도시 동맹이든 행정 통합이든 결국 수도권 일극 체제를 극복하기 위한 실험이다. 유례를 찾기 힘든 수도권 집중을 이대로 방치하면 지방 소멸, 국가 경쟁력 저하로 이어져 종국에는 대한민국의 생존을 위협할 것이다. 이런 문제를 보고만 있을

수는 없다.

우리는 지금 수도권이라는 블랙홀이 사회의 모든 에너지를 빨아들이는 참담한 현실에 살고 있다. 좋은 일자리가 편중되면서 국토 12%밖에 되지 않는 공간에 전체 인구 절반 이상이 모여 산다. 취업을 위해 젊은 층이 몰려들면서 전국 각지의 지방거점국립대들은 옛 명성을 잃었다.

생산성 격차는 심각한 불균형 발전을 초래했다. 지역 내 총생산(GRDP)의 수도권 비중은 2001년 47.1%에서 2024년 52.8%로 늘어났다. 반도체단지가 있는 경기도의 경제성장률은 3.6%인데 경북을 비롯한 다른 권역은 1% 안팎에 그쳐 상대적 박탈감을 키우고 있다.

자치(自治)는 말 그대로 스스로 주도해 결정한다는 뜻이다. 하지만 자치단체는 강력한 중앙집권 아래에서 관리자 역할에 그치고 있다. 지자체가 재량을 갖고 쓸 수 있는 재원이 전체 세입에서 차지하는 비중인 재정자주도는 갈수록 낮아지고 있다.

제대로 된 자치입법권이 없어 조세 등 권한·의무에 관련된 건 어느 하나도 마음대로 못 정한다. 교육과 의료라는 도시 경쟁력의 핵심조차 지방정부가 손댈 수 있는 게 거의 없다. 미국의 연방제처럼 각 지역이 독립적으로 도시 정책을 꾸려 나갈 수 있는 시스템으로의 개편이 시급하다.

모든 권한과 자원이 중앙에 있으니 모두 서울만 바라본다. 포스코가 2022년 지주사 체제로 전환하며 본사를 서울에 두려 했던 일은 이런 현실을 극명하게 보여준다. 포항의 희생을 바탕으로 성장한 포스코의 결정에 나도 머리띠를 두른 채 청와대 앞에서 1인 시위를 벌였다.

대한민국이 살길은 명확하다. 중앙정부는 시혜적 태도를 버리고, 스스로 살아갈 수 있도록 권한을 넘겨줘야 한다. 도시의 운명이 서울이나 광역자치단체 사무관의 책상 위에서 결정되는 현실을 끝내야 한다.

"지금과 같은 국가 권력 구조는 바뀌어야 한다. 대통령 권력이든 국회 권력이든 국민을 무서워하고, 이를 모르면 철퇴를 맞도록 해야 된다. 지금의 소선거구제를 중대선거구제로 바꾸고, 지방의회는 당에서 공천하는 제도를 없애야 한다. 지방에도 권한을 내려 줘야 한다. 연방제에 준하는 지방분권을 해줘야 지방의 자생력이 생긴다. 현 상황으로는 도시 경쟁력의 핵심인 의료와 교육에 대해 지자체가 할 수 있는 것이 없다."

- 언론 인터뷰 중

팬데믹 당시 확진 판정을 받은 적 있다. 교수들에게 국산 백신 개발을 물어봤으나 뾰족한 대답은 못 들었다. 진작에 포스텍 의대 설립이 됐더라면 하는 아쉬움이 내 몸의 아픔보다 컸다. 의료 수준은 세계 일류인데 백신 만들 의사과학자는 부족한 현실에 실망했다.

이것이 바로 연구 중심 의대 설립을 서둘러야 하는 뼈아픈 이유다. 연구 중심 의대가 있었다면 우리는 7조 6천억 원의 백신 수입국이 아니라 백신 주권국이 됐을 것이다. 질병관리청에 따르면 우리는 이제서야 메신저리보핵산(mRNA) 백신 임상시험을 시작한 단계다.

포스텍 의대는 단순히 의대를 하나 더 만들자는 게 아니다. 의사면허를 갖고 박사학위를 받은 의사과학자(MD-PhD) 양성이 목표다. 이들은 의학 지식을 바탕으로 신약 개발, 인공지능·로봇 등의 접목 등 다양한 분야를 다룬다. 바이오헬스 산업 발전에 핵심 인재다.

2021년 미국 보스턴 방문은 포항이 가야 할 길을 확인한 계기였다. 특히 칼 일리노이 의대는 공학 특화 대학이 기업 후원으로 의대를 설립했다는 점에서 닮은꼴이었다. 사회에 대한 긍정적 영향력을 가장 중시한다는 것도 포항이 연구 중심 의대를 바라는 이유와 같다.

하지만 국내 의사과학자 양성은 제자리걸음이다. 1970년대부터 체계적 프로그램을 운영해 온 미국, 일본 등에 비하면 불모지 수준이다. 연간 의대 졸업생 3천 명 중 의사과학자가 되려는 비율은 1% 남짓이다. 위상과 처우가 임상의사에 비해 과소평가돼 있는 탓이다.

지난해 한국과학기술원(KAIST) 의사과학자가 해외 제약사와 7천500억 원의 기술 수출 계약을 체결한 것은 시사하는 바가 크다. 아이디어가 벤처 창업을 통해 혁신적인 신약 후보로 발전, 글로벌 시장에 진출한 사례이다. 보기 드문 국내 '진료실 밖 의사'의 성공이다.

엄청난 금액도 놀라웠지만 그의 인터뷰 내용 일부가 흥미를 끌었다. 산업과 혁신에 가까운 곳에서 교육을 받아야 창업이나 신약 개발에 더 큰 꿈을 꿀 수 있다는 것이다. 국내 의대는 경쟁의식 탓에 협업이 어려워 의과학대학원 교수가 됐다는 대목도 인상적이었다.

10여 년 전부터 의사과학자 양성을 주창한 터라 그의 지적에 공감했다. 포항은 바이오산업 육성과 함께 원천기술을 연구할 세계 최고 수준의 인프라를 갖췄기 때문이다. 3·4세대 방사광가속기, 다수의 극저온전자현미경을 보유한 세포막단백질연구소 등이 대표적이다.

최근에는 대학당 950억 원씩 지원하는 '국가연구소'에 포스텍이 비수도권에서 유일하게 선정됐다. 루크 리 하버드 의대 석좌교수를 영입해 '글로벌 헬스케어 의공학연구소'를 운영한다. 반도체와 바이오 기술을 융합해 헬스케어 전반의 패러다임을 바꿀 계획이다.

스마트병원을 갖춘 포스텍 의대 설립은 열악한 의료 여건 개선과도 맞물려 있다. 상급병원이 전무한 경북은 치료 가능한 환자가 의료인력 부족 등으로 귀중한 목숨을 잃는 비율이 전국에서 가장 높은 편이다. 뛰어난 의료서비스가 기업 유치에 필수 요소임은 두말할 나위 없다.

현재 상황을 방치한다면 지방 소멸은 점점 더 빨리 다가올 것이다. 지역균형발전도 공염불에 그칠 터이다. 지방에 산다는 이유로 목숨의 무게가 달라져선 안 된다. 포스텍 의대는 우리 국민의 생명을 지키기 위해 내 정치 생명을 걸고 완수해야 할 마지막 사명이다.

　　이처럼 포항은 모든 준비를 마쳤지만 포스텍 의대 설립은 여전히 숙원으로 남아 있다. 2020년 유치추진위원회 출범 이후 2022년 정부 국정과제 포함 및 각 부처 장관들의 포스텍 방문 간담회, 국회 정책 토론회 개최 등이 쉼 없이 이어졌지만 확정을 짓지 못했다.

포스텍 의과대학 및 스마트 병원 조감도

2023년에는 무려 30만 5천 명의 시민이 간절한 염원을 담아 동의 서명지에 이름을 적어 주셨다. 나 역시 거리에서 시민들의 손을 맞잡으며 그 뜨거운 열망을 피부로 느꼈다. "포항이 이제는 바이오로 먹고살아야 한다."라던 목소리들이 지금도 귓가에 쟁쟁하다.

지역의 염원은 정치권의 약속으로도 이어졌다. 2024년 총선을 앞두고 여야는 앞다퉈 힘을 보태겠다고 다짐했다. 이재명 대통령은 경북지역 국립 의대 신설을 대선 공약으로 제시했다. 이제는 실질적인 국가 정책으로 결실을 보아야 할 마지막 골든 타임이다.

이와 관련해 안동은 2024년 포항과 함께 국가첨단전략산업 바이오 특화단지에 선정됐다. 국가첨단백신기술지원센터, SK바이오사이언스 등 인프라도 풍부하다. 국립경국대에 의대가 생긴다면 바이오산업 성장은 물론 경북 북부권 의료환경 개선에 크게 기여할 것이다.

공학과 의학이 만나 폭발적인 시너지를 낼 토양은 이미 비옥하다. 포항과 포스텍은 그 놀라운 마법을 실현할 준비가 되어 있다. 남은 것은 정치적 결단뿐이다. 최고의 인재들이 임상의사에 머물지 않고 노벨상에 도전할 수 있는 요람을 만들어 줘야 한다.

이들이 연구에만 몰두할 수 있도록 국가가 판을 깔아줘야 한다. 포스텍 의대 설립이 출발점이다. 과거 포항은 '제철보국'(製鐵報國) 정신으로 산업화 기틀을 닦으며 나라의 은혜에 보답했다. 그 정신을 계승해 '의료보국'(醫療報國)의 길로 나아가야 한다.

"정부가 의료 개혁을 추진 중이잖아요. 그런데 방향이 의료 인력 증원에 치우쳐 있습니다. 의사과학자 양성안은 빠져 있어요. 바이오헬스산업은 철강·반도체·자동차의 대여섯 배 혹은 그 이상의 부가가치가 있습니다. 우리는 바이오 쪽이 너무 약해요. 이 상태로는 미국, 중국, 유럽 주요 국가들을 못 따라잡습니다. 선진국으로 가기 위해선 바이오헬스산업 양성이 필수적입니다. 이게 제대로 되려면 세계적으로 경쟁력 있는 공학 연구와 관련 시설이 집적돼 있고, 의대와 대학병원이 협업해야 합니다. 한국에서 가장 경쟁력 있는 공학 연구대학은 카이스트와 포스텍입니다. 하지만 카이스트는 국립이잖아요. 바이오 같은 신규 산업은 연구에 있어서 규제보다는 자율성이 중요할 수밖에 없어요. 국립 기관은 아무래도 제약을 받을 수밖에 없습니다. 그러니 사립인 포스텍에 더 이점이 있지요."

- 언론 인터뷰 중

| 3장 | 21세기 제철보국(製鐵報國)의 숙제

'PLEASE STOP IMPOSING STEEL TARIFFS ON YOUR ALLY REPUBLIC OF KOREA' (동맹인 대한민국에 대한 철강 관세 부과를 멈춰라)

지난해 9월 무거운 마음으로 미국 워싱턴DC를 찾았다. '관세 폭탄'으로 벼랑 끝에 몰린 국내 철강산업의 위기를 알리기 위해서였다. 누군가는 계란으로 바위 치기라고 비웃었을지도 모른다. 하지만 아무것도 하지 않는다면 철강도시의 시장으로서 직무 유기라 생각했다.

내 가족과 같은 시민들이 일터를 잃고 눈물 흘리는 냉혹한 현실을 떠올리며 이틀 동안 백악관과 국회의사당 앞에 섰다. 현수막을 들고 시위를 벌이는 동안 행인 일부는 격려의 의미로 엄지를 치켜세우거나 손을 흔들어 주기도 했다.

'월스트리트저널'은 포항을 피츠버그 같은 철강도시라고 소개하며, 나를 백악관 근처에서 시위를 벌인 매우 드문 공무원이리고 보도했다. 경주 APEC 정상회의 기간에는 NBC방송이 예고 없이 포항을 방문해 한국 산업의 심장부에서 들려오는 고통의 비명을 조명했다.

사실 시위는 우리 정부에 대한 읍소이기도 했다. 1973년 6

월 9일 포항제철소가 쇳물을 처음 뽑아낸 이후 최악의 위기인데도 이렇다 할 대책이 나오지 않았기 때문이다. 미국과 관세 협상은 앞서 7월에 타결된 것처럼 보였지만 철강 관세는 전혀 언급되지 않은 상태였다.

당시 '포항이 죽음 문턱까지 왔다' 는 나의 언급은 결코 과장이 아니다. 2024년 포스코 공장 2곳이 문을 닫았고, 작년에는 현대제철 2공장과 강소기업인 미주제강이 가동을 중단했다. 불이 꺼진 철강산업단지 공장은 10곳 중 1곳꼴에 이른다.

고용 불안은 갈수록 심화하고 있다. 업체들의 희망퇴직이 이어지면서 1차 철강제조업 피보험자 수는 2025년 7월 기준 2만 7천700명으로, 전년보다 약 1천 명 줄었다. 포항 인구가 청년층을 중심으로 줄어들고 있는 가운데 기름을 부은 격이다.

철강 4사 법인의 지방소득세 납부액은 2년 새 무려 84.1% 감소했다. 하도급업체들과 납품업체들의 상황은 더 어렵다. 텅 빈 중앙상가의 을씨년스러운 풍경과 "IMF 때보다 더 살기 힘들다." 며 울먹이던 서민들의 거친 손마디는 나를 한가로이 앉아 있을 수 없게 했다.

국내 철강산업 위기의 원인은 복합적이다. 우선 세계 생산량 절반을 차지하는 중국이 자국 내수 부진을 극복하려고 저가 물량을 쏟아내고 있다. 미국에 이어 유럽연합(EU)과 멕시

코, 인도, 베트남 등도 자국 산업 보호를 위해 관세 장벽을 높이고 있다.

설상가상으로 지난해 무관세 수입쿼터를 절반 가까이 줄인 EU는 올해 탄소국경조정제도(CBAM) 시행에 들어간다. 철강·알루미늄 등의 수입품에 탄소세를 부과한다. 국내 철강업계는 매년 수천억 원을 추가 부담해야 할 전망이다.

국내 상황 역시 좋지 않다. 특히 산업용 전기료 폭등이 부담을 가중시키고 있다. 산업용 전기료는 이미 주택용 요금을 추월했다. 포항제철소의 경우 연간 전기요금이 5천억 원이 넘는다. 요금을 낮춰 주거나 적어도 동결해 줘야 겨우 버틸 수 있는 지경이다.

워싱턴에서 나의 호소는 다행히 작은 성과로 이어졌다. 국회는 지난해 11월 '철강산업 경쟁력 강화와 탄소중립 전환을 위한 특별법'(K-스틸법)을 통과시켰다. 정부는 '철강산업 고도화 방안'을 발표했다. 하지만 자발적 사업 재편, 고부가가치 품목 육성에만 초점이 맞춰져 아쉬웠다.

목소리를 더 높여야 했다. 지난해 12월 광양·당진 등 국내 대표 철강도시 시장님들과 공동 기자회견을 갖고 범정부 차원의 대책 마련을 촉구했다. 조만간 만들 K-스틸법 시행령에 실질적 지원 방안을 넣고, 미국과 관세 재협상에 나서야 한다고 요구했다.

철강은 국가 기간산업이다. 한국은 세계 6대 철강 생산국인데, 1인당 철강재 소비량은 1t에 육박해 독보적 세계 1위다. 자동차·조선·가전 등 제조업 중심 수출 경제를 철강산업이 지탱하고 있다는 의미다. 국가 안보에도 직결되기 때문에 절대 포기할 수 없다.

철강산업은 산업화 과정에서도 강력한 엔진 역할을 했다. 모태는 한·일 협정으로 마련된 대일청구권자금 일부를 활용한 포항종합제철소였다. 누구나 한 번쯤 들어봤을 "실패하면 모두 우향우해서 영일만 바다에 빠져 죽자.", "제철보국"(製鐵報國)이란 말도 여기에서 나왔다.

고(故) 박태준 회장의 표현대로 조상의 혈세로 지은 포항제철소가 무너질 위기다. 숨통을 죄는 듯한 절체절명의 순간이다. 20세기 우리 선배들이 외쳤던 제철보국의 결기가 절실한 시점이다. 우리가 하나로 뭉쳐야 이 악순환의 고리를 끊어낼 수 있다.

"지금 상황에서 가만히 서 있으면 문이 열리지 않는다. 누군가 열어 주기를 기다리기보다 우리가 직접 두드리고 또 두드려야 한다. 철강산업은 포항의 뿌리이자 대한민국 산업의 심장이다. 미국의 고율 관세로 수출길이 막히면 포스코나 현대제철뿐 아니라 수많은 중소기업, 그리고 지역민들의 일자리가 한꺼번에 흔들린다. 결국 포항의 생존이 달린 문제다. 포항은 철강산업 의존도가 절대적이다. 수출이 막히면 연쇄적으로 지역 상권, 서비스업, 부동산 시장까지 침체가 찾아온다. 인구 유출도 가속화될 수 있다. 이는 곧 공동화 현상으로 이어지고, 도시의 활력이 사라질 위험이 있다."

- 언론 인터뷰 중

| 4장 | 지도 위에 없는 길, 영일만대교

10년은 짧다면 짧고, 길다면 긴 시간이다. 그래서 10년이면 강산도 변한다는 속담이 생겼을 것이다. 그런데 포항에는 50만 시민이 그토록 염원해도 20년이 다 되도록 이뤄지지 않은 오랜 소원이 있다.

바로 동해고속도로 해상 구간인 영일만대교(북구 흥해읍~남구 동해면) 건설이다. 12년 동안 이 난제를 풀어보려 온갖 노력을 다 쏟았다고 감히 말할 수 있다. 첫 삽을 뜨지 못한 채 물러나 몹시 아쉽다.

말 그대로 인고의 세월을 보냈다. 탄력을 받는가 싶으면 기획재정부·국방부·한국개발연구원(KDI) 등이 온갖 이유로 발목을 잡았다. 정부 예산에 포함돼 한숨 돌리나 싶으면 국회에서 삭감되는 좌절을 맛봐야 했다.

영일만대교는 2008년 정부 '광역경제권 발전 30대 선도 프로젝트'에 선정되면서 예비타당성조사 면제사업으로 추진됐다. 하지만 결코 순탄하지 않았다. 국토의 끊어진 혈맥을 잇는 사투(死鬪)의 시작이었다.

국토해양부는 2011년 해상교량~인공섬~해저터널로 짜인 초안을 마련했다. 그러나 그해 11월 이 구간은 국비 지원율

20%인 민자유치사업으로 바뀌었다. 국가 재정 부담이 표면적 이유였다.

시장 취임 직후부터 밀어붙여 2015년 처음으로 정부 예산이 편성됐다. 국토부를 찾아 지역 차원의 민원이 아니라 국토의 U자 형(形) 균형 개발을 위해 반드시 실현돼야 할 국가 SOC 사업이라는 점을 설득했다.

또 영일만 횡단 구간이 빠지면 이미 포화 상태인 국도의 교통 체증과 물류 채산성이 악화할 것이라며 목이 터지게 싸웠다. 결국 2016년도 예산에 기본계획수립 용역비 20억 원이 반영됐다.

정부가 투자를 확정하면서 지지부진하던 사업이 날개를 다는 듯했다. 전 구간 해상교량 건설에도 청신호가 켜졌다. 2016년 4월 포항공항 활주로 재포장 준공식에서 해군참모총장을 만나 해군 부두를 포항신항에서 영일만항으로 이전하기로 구두 합의했다.

지난 정부에서는 더욱 속도가 붙는 듯 보였다. 2022년 7월 민선 8기 시작과 함께 정부 부처를 찾아 조속한 추진을 위한 설계비 반영 등 국비 지원을 요청했다. 정부도 대선 공약 이행 의지를 거듭 확인했다.

그러나 국방부가 반대하고 나섰다. 구간 전체가 교량으로 건설될 경우 전쟁 등으로 파손되면 포항신항 내 해군 함정진·출입이 불가능하다는 논리였다. 실시설계비가 2023년도 예산에 반영됐으나 빛이 바랬다.

안보와 경제의 공존이란 전략적 선택을 해야 했다. 동해면~ 포스코 구간은 해저터널로 하고, 포스코~여남동 구간만 교량을 놓는 방안을 검토했다. 전 구간 해상교량을 고집하면 자칫 기회를 놓칠 수 있다고 봤다.

하지만 이마저도 끝이 아니었다. 국회는 예산 1천821억 원을 편성했으나 작년 추경에서 전액 삭감했다. 허탈감이 이루 말할 수 없었다. 올해 예산 일부가 되살아났지만 결코 안심할 순 없다.

KDI의 '사업계획 적정성 재검토'가 남아 있어 완벽한 마무리가 필요하다. 동해고속도로 영덕~울진~삼척 구간의 조기 착공도 반영되길 바란다. 울진, 삼척은 포항과 함께 물류가 중요한 수소산업 벨트를 형성한다.

무엇보다 영일만대교가 동해안 랜드마크가 되려면 전 구간 해상노선이어야 한다. 어쩔 수 없이 해저터널이 필요하더라도 시민들이 원하는 동해면~홍해읍 노선이 돼야 한다. 정부는 예산 절감을 이유로 일부 구간을 아예 육로로 하는 방안을 유도하고 있다. 정부와 정치권이 전향적으로 검토해야 한다.

특히 조속한 착공과 함께 지역 업체가 참여할 수 있는 기회가 주어져야 한다. 대형 국가사업의 과실이 지역경제 기초체

영일만 대교 소삼노

력을 다지는 마중물이 돼야 한다. 철강산업과 이차전지산업의 부진으로 어려움을 겪고 있는 포항에 그야말로 가뭄 끝의 단비가 될 것이다.

영일만대교는 단순히 다리 하나를 놓는 사업이 아니다. 소외된 동해안의 눈물을 닦아주고, 국토 효율성을 높이는 작업이다. 비록 포항시장으로서 이 사투를 끝내진 못했지만 앞으로도 시민들과 함께 끝까지 감시하고 응원할 것이다.

영일만대교가 숱한 난관을 뚫고 웅장한 위용을 드러내는 날, 포항을 비롯한 동해안은 대도약 기회를 잡을 것이다. 부산~강원을 연결하는 교통 · 물류 거점 역할과 함께 관광산업의 역사를 새로 써 내려갈 것이다. 그날, 내 간절한 꿈이 헛되지 않았음을 확인하고 싶다.

"영일만대교는 포항시의 오랜 염원 사업이다. 국토 대동맥으로 국가 균형발전을 이끌고, 유라시아 대륙으로 뻗어 나가는 교통 정책으로 필요하다. 특히 지역 경제, 관광산업 인프라 조성을 위해 반드시 필요한 사업이다. 영일만대교는 경제 · 정책 · 관광 · 기능 등 어느 측면으로 봐도 필요성은 충분하다고 모두 공감하고 있다. 지역균형발전에 적합해 서 · 남해안 중심의 L자 형 국가도로망을 U자 형으로 완성할 수 있어 지역 불균형을 해소하는 이정표가 될 것이다. 전국에는 해상교가

35곳이나 있지만 경북은 바다를 끼고 있는 지자체임에도 불구하고 유일하게 해상교가 없다. 영일만대교가 완성되면 동해 바다 유일의 해상교로서 관광산업을 이끄는 데 매우 큰 역할을 할 것이다. 관계 부처와 제대로 협의하고 지역 국회의원들, 지역사회와 모든 역량을 모아 반드시 실현하겠다."

- 언론 인터뷰 중

뜨거운 열정은
강철도 녹인다

제9부

시민들과 함께 꿈을 꾸고
함께 이룬 12년간의 담대한 여정은
참으로 축복이었다

헌신과 도전의 12년,
도시를 바꾼 이야기

여러분과 함께여서
참 행복했습니다

시민들과 함께 꿈을 꾸고 함께 이룬 12년간의 담대한 여정은 참으로 축복이었다

여러분과 함께여서 참 행복했습니다

12년 재임 동안 두 차례 장기휴가를 냈다. 알려져 있다시피 전립선암 치료 때문이었다. 2023년 2월 27일부터 자리를 비웠다가 4월 26일 1차 치료를 마치고 복귀했고, 재발 방지를 위한 후속치료를 받으려 5월 15일부터 다시 장기휴가에 들어가 7월 13일 돌아왔다.

몸에 탈이 난 사실을 처음 안 것은 그해 2월 건강검진이었다. 코로나19 와중에 터진 태풍 힌남노 수해 탓에 너무 스트레스를 받았더니 몸에 신호가 왔다. 병원에서 비뇨기 계통 이상 소견이 나왔고 수술을 했다. 혈액 검사도 했는데 당시에는 암 소견이 없었다.

첫 수술 뒤 전신마취에서 깨어나자 온몸이 너무 아팠다. 식은땀이 비 오듯이 흘렀고, 눈은 퉁퉁 부어서 뜰 수조차 없을 정도였다. 그러던 중 갑자기 혈압이 급하게 떨어지면서 잠시 의식을 잃었고, 아내에게 유언을 남길 정도로 위급했다.

4월 재수술 과정에서 조직 검사를 했는데 암이 발견됐다. 말 그대로 마른하늘에 날벼락 같은 소식이었다. 아직 해야 할 일도 많은데 싶어 눈앞이 캄캄해졌다. 또다시 큰 수술을 받아야 하는 얄궂은 현실 앞에서 아내는 말없이 닭똥 같은 눈물만 흘렸다.

되돌아보면 격무에 시달리면서도 건강을 돌보는 데 너무 무심했다. 취임 직후인 2015년에는 '메르스' 가 한국을 강타했고, 2017년에는 지진으로 포항이 초토화됐다. 2020년에는 코로나19, 2022년에는 지방선거 공천 파동과 태풍 '힌남노' 가 나를 몰아붙였다.

앞만 보고 달리며 일을 하다 병을 얻었지만 정말 시민들에게는 송구스럽고 죄송한 마음뿐이다. 처음에는 금방 복귀할 수 있을 줄 알았는데 도합 넉 달이나 걸렸다. 생각하지도 못하던 암을 조기에 발견하고, 치료를 받을 수 있었던 것은 그나마 다행이다.

병가로 출근하지 못하던 시기에도 마음은 늘 시청에 있었다. 건강을 되찾으면 지역 발전을 위해, 나를 믿고 시정을 맡겨 준 시민들을 위해 더욱 매진해야겠다고 다짐했다. 사랑하는 가족과 시민들에게 은혜를 갚는다는 각오로 살겠다고 결심했다.

특히 한 지역아동센터 아이들에게서 받은 위문편지는 소중한 추억이다. 빨리 나아서 돌아오라는 손편지를 사탕과 함께 보내왔는데, 삐뚤빼뚤한 글씨에서 진심이 느껴져 뭉클했다. 완쾌 뒤 시청에 초청해 즐거운 시간을 보냈던 그 아이들이 너무나 감사했다.

2023년은 여러모로 힘든 한 해였다. 2월 6일 선친(향년 87세)을 여의었다. 아버님은 조상 대대로 살아온 장기면 방산리 산골에서 농사를 지으시면서 어머님과 사이에 나를 비롯해 3남 2녀를 낳아 헌신적으로 키워 주셨다.

생전에 아버님은 "강덕이는 내 아들인지 남의 아들인지 모르겠다."라는 말씀을 종종 하셨다. 물론 우스갯소리였지만 들을 때면 마음이 짠했다. 공복(公僕)으로 국가에 내놓은 이상 이미 당신만의 자식이 아니란 생각을 하셨던 것 같다.

물론 부모와 자식 간 사사로운 정 때문에 혹시라도 내가 잘못되지 않을까 하는 걱정도 하셨을 테다. 그래선지 낡은 집을 고쳐드리려 해도 완강히 거절하셨다. "그럴 돈 있으면 어려운 사람이나 도와줘라. 평생을 이렇게 살아와 불편한 것 없다."라고만 하셨다.

만 39세 젊은 나이에 포항 남부경찰서장으로 부임해 고향에 오자 부모님은 기뻐하시면서도 "이렇게 빨리 승진하면 빨리 옷 벗어야 하는 거 아이가?"라면서 걱정을 해 주셨다. 부모님께 근심이 생기지 않도록 반듯하게 처신하는 게 가장 큰 효도라고 생각했다.

부모님의 가르침은 40년 넘는 공직 생활 동안 내가 길을 잃지 않게 도와준 나침반이었다. 덕분에 언론에서는 우리 사회를 위한 나의 작은 봉사를 분에 넘치게 치켜세워 주기도 했다. 지면이나 인터넷을 통해 보도된 기사를 간략하게 덧붙인다.

"포항시 남구 오천읍은 인근 호동에 있는 음식폐기물처리장 등을 둘러싸고 주민들이 악취와 대기 오염 등을 호소하는 등 민원이 끊이지 않는 곳이다. 이강덕 포항시장은 시민들의 고통이 있다면 함께 나눌 것이며, 주민 입장에서 문제점을 해결하겠다는 의지를 밝힌 바 있다. 이 시장은 실제로 오천읍 주민이 된다. 민원 현장에서 주민들과 소통하면서 해결책을 찾기 위해서다. 이 시장의 오천읍 이주를 두고 시민들 사이에선 30년 전부터 누적돼 온 포항시의 '행정 원죄'를 짊어지겠다는 의지의 표현이라는 평가가 나오고 있다."

사실 부모님 품을 일찍 떠난 터라 제대로 효도를 할 시간조차 없었다. 중학교를 졸업하고 대구 달성고, 경찰대에 진학하

면서 포항 남부경찰서장 재임 시절을 제외하면 거의 40년 만
인 2014년 고향에 돌아와 12년을 보냈다. 하지만 고향은 늘
내게 그리운 곳이었다.

어머님이 아직 계시는 고향 마을은 전주 이씨 집성촌이다.
일일이 다 셀 수 있을 정도로 주민은 많지 않다. 내가 다닌 산
서초등학교와는 10리, 장기중학교와는 20리나 떨어져 있는
산골이다. 그 시절을 떠올리면 추억이 참 많아 고향에 깊은
애착을 갖게 된 것 같다.

중학교 시절 한 분의 은사를 만난 건 인생의 행운이었다. 3
학년 때 담임이셨던 류정순 선생님의 영향으로 가치관을 정

립할 수 있었다. 선생님은 자신의 노력 여하에 따라 인생은 달라진다며 자신감을 심어 주셨나. 나는 훗날 첫 시장 취임식에 선생님을 초대해 가장 앞자리에 모셨다.

2013년 연말 미국에서 돌아와 동기회에 참석했는데 흥분되고 설레었다. 나무가 지탱될 수 있는 것은 뿌리가 있기 때문인데 고향에 있는 친구와 선후배들은 내 뿌리에 영양분이 돼주었다. 멀리 있고 바쁘다는 이유로 자주 얼굴을 보지 못한 데 대해 늘 미안하게 느낀다.

고등학교 진학을 대도시인 대구로 정한 것은 순전히 나의 뜻이었다. 포항에도 좋은 학교가 있었지만, 어차피 집을 떠날 것이라면 좀 더 큰물로 가고 싶었다. 당시 친구 상당수가 대구로 진학한 영향도 있었다.

대구 삼덕동, 내당동, 평리동에서 누나와 자취를 하면서 고교 생활을 보냈다. 지금의 나와는 다르게, 학창 시절 나는 학급 간부도 맡지 않았을 정도로 조용한 편이었다. 가정 형편은 넉넉하지 않았지만, 아르바이트도 하지 않았고 학업에만 충실하려 했다

경찰대 진학은 고3 때 담임 선생님의 영향이 컸다. 평소 존경하던 선생님은 경찰대의 장점을 설명하시며 "네가 1기로 입학하는 만큼 동기 중에 큰 인물이 많이 나올 것"이라고 격려하셨다. 그러나 너무 힘든 직업으로 느껴져 어린 마음에 달

갑지만은 않았다.

부모님께선 경찰이 육체적으로 힘들뿐더러 자주 임지가 바뀌니 가정 꾸리기가 쉽지 않을 것이라고 하셨다. 나는 의사가 되고 싶은 마음이 있기도 했다. 산골이라 제대로 치료받지 못하고 목숨을 잃는 경우를 많이 봤고, 그런 분들을 고쳐 주고 싶었다.

2013년 3월, 28년 제복 생활을 마무리하고 홀로 미국으로 떠났다. 세계 최강대국에서 제2의 삶을 살아가는 데 필요한 에너지를 얻고, 내가 어디로 가야 하는지 알아보고 싶었다. 그러나 생전 처음이었던 장기 외유는 길지 않았고, 1년 만에 고향의 부름에 되돌아왔다.

앞서 밝힌 대로 고향은 내게 다른 어떤 가치보다 숭고하다. 조상 대대로 살아왔고, 어머님이 살고 계시며, 나 자신이 태어나고 성장한 곳이기 때문에 고향의 부름에 보답하는 게 당연하다고 생각했다. 나를 키워 준 고향 발전을 위해 혼신의 힘을 다하는 것이 사람의 도리다.

경찰공무원과 행정공무원은 국민을 위해 일한다는 점에서 같다. 경찰에서 경험이 포항시 행정을 이끄는 데 큰 보탬이 됐다. 업무 원칙과 실행 방식이 다를 순 없기 때문이다. 경찰에 몸담았던 시절에도 유능한 시장, 도지사님들과 교유하면서 노하우를 많이 익혔다.

재임 동안 지진과 코로나19, 태풍 '힌남노' 수해 등 잇단 재난을 극복하며 '위기에 강한 행성가'라는 과분한 평가를 빚었다. 여기에 대해선 외유내강하신 어머님의 성격을 물려받은 덕분이 아닌가 혼자 생각하곤 한다. 퇴임하면 자주 찾아뵙고 그간 못한 효도를 다 하려 한다.

아내에게도 늘 미안한 마음뿐이다. 꽃다운 스물다섯 나이에 결혼해 환갑을 넘긴 나이가 되도록 내 뒷바라지와 아이들을 키우느라 호강이라는 단어와는 담을 쌓고 살았다. 시장이 되고 나서도 조용히 내조에만 충실했다.

특히 몇 년 전 건강 문제로 고비를 겪었을 때 아내는 가장 가까운 곳에서 지극정성으로 간호하며 내가 다시 일어설 수 있게 용기를 줬다. 부부간에 신뢰와 애정이 더욱 두터워졌음은 물론이다.

하지만 결코 잊을 수 없는 아픔도 있었다. 첫 딸 승민이가 생후 6, 7개월 만인 1991년 하늘나라로 먼저 갔다. 몇 년 동안은 자다가도 깰 정도로 가슴이 아팠다. 아내는 내가 남의 아이를 안아 주는 모습을 보기만 해도 눈물을 글썽였다.

한동안 아이가 생기지 않아 고민이 컸는데 1997년 쌍둥이 아들을 얻어 둘이서 얼마나 기뻐했는지 모른다. 아이들과 함께한 시간이 짧았던 나 대신 아내가 요즘 말로 '독박육아'를 감당한 것은 정말 미안하다. 아내는 아이들이 크면서 살림살

이가 빠듯해지자 다시 일을 하기도 했다.

아내는 선거에 처음 나설 때도 내 편이 되어줬다. 아내는 "어차피 내 할 일 따로 있고, 당신 할 일 따로 있다. 하고 싶은 일을 하라." 며 나의 도전에 찬성했다.

마지막으로 12년 동안 늘 응원과 격려, 위로의 메시지를 전해 주신 시민 여러분께 고맙다는 말씀을 거듭 올린다. 한마음 한뜻으로 맡은 바 임무를 다해 큰 잘못 없이 임기를 마무리하게 해주신 2천여 포항시 공직자들께도 심심한 감사의 인사를 전한다.

헌신과 도전의 12년,
도시를 바꾼 이야기

마무리 지으면서

저는 살면서 수없이 많은 인생의 파도를 겪어 보았습니다.
저는 그 파도 앞에 끊임없이 도전이라는 길을 선택했습니다.

경찰공무원 생활 동안 도시의 치안과 마주했습니다. 포항시장이 되어서는 수많은 도시의 문제들이 밀려왔습니다. 지축을 흔든 겪어 보지 못한 공포에 물러설 법도 했지만, 보이지 않는 바이러스의 두려움 앞에 움츠릴 법도 했지만, 모두를 삼킬 것 같은 자연재해 앞에 고개를 숙일 법도 했지만, 추락하는 국가와 지역 경제의 비명 앞에 주춤할 수도 있었지만, 저는 결코 그러지 않았습니다. 아니 절대 그럴 수 없었습니다. 절박함과 간절함이 저를 파도와 맞서게 했기 때문입니다.

경찰공무원 출신의 시장이 도시의 위협 앞에 삭발을 하고, 머리띠를 두른 채 피켓을 들고 거리 시위에 나서야 했습니다. 위기 앞에 사투를 벌이는 시민들과 함께 야전군처럼 지켜야 했습니다. 미래먹거리를 위해 영업사원의 가방도 들어야 했습

마무리 지으면서

니다. 시민 모두를 위한 것이라면 욕을 얻어먹는 것도 감내해야 했습니다.

우수한 기업 유치를 위해 대한민국 방방곡곡을 누볐습니다. 글로벌도시로 성장한 포항의 미래가치를 알리려 세계를 돌았습니다. 악취로 고통받는 주민 속으로 들어가 함께 숨 쉬며 진심을 나눴습니다. 가족에게는 인기 없는 가장이 될지라도 주말도 현장을 찾았습니다. 일은 사람이 하고 사람은 진심이 움직인다는 믿음 때문이었습니다.

지금 저출산·고령화와 수도권 집중으로 지방소멸이 가속화되고, 한 치 앞을 내다보기 힘든 국제정세와 4차 산업혁명의 험한 파도는 우리가 이룩해 놓고 준비해 놓은 도시의 기반 위로 엄습하고 있지만, 우리는 두려움 없는 담대한 도전으로 이겨나가야만 합니다. 저는 모양과 방식은 다를지라도 포항시민들과 함께할 것입니다.

정말 숨 가쁘게 달려온 사이 4천200일이란 시간이 흘렀습니다.

한반도에서 가장 이른 일출을 보며 영일만의 기적을 일군 위대한 시민들과 또 다른 만남을 위해 작별할 시간이 다가왔습니다. 자부심보다 아쉬움이 더 크지만, 시작과 끝이 반복되는 인생이기에 이제 더 큰 성장과 도약을 위해 쉼표 같은 마침표를 찍으려 합니다.

오늘도 저를 강인하게 키워 준 푸른 동해를 바라보며 다짐합니다. 파도가 멈추지 않는 한 저의 걸음 또한 멈추지 않을 것이라고. 무한한 자긍심과 함께 소명(召命)을 간직하려 합니다. 제 생애 가장 뜨거웠던 여정에 함께해 주신 고마운 모든 분께 다시 한번 고개 숙여 진심으로 감사드리며 여러분들과 함께한 12년이 참으로 행복했다고 전해드리고 싶습니다.

여러분의 이강덕 올림